修行の心理学

修験道、アマゾン・ネオ・シャーマニズム、そしてダンマへ

石川勇一
Yuichi Ishikawa

コスモス・ライブラリー

修行の心理学：修験道、アマゾン・ネオ・シャーマニズム、そしてダンマへ

目次

第三章　修験道修行の心理と可能性 …… 79

プロローグ

みなさんは、星空を眺めていて、夜を明かしたことはありますか。私はあります。私の家は、富士山の近くの山の中にあり、明かりが少ないので、日が沈んで、生きものたちが休息に入り、静寂がやってくる頃になると、星がたくさん輝きだします。奥アマゾンのジャングルで見た満天の星空に比べると、ずっと少ないのですが、それでも天の川ははっきり見えますし、晴れていれば毎日のように流れ星を見ることができます。星の輝きに見とれて夜空を見上げ、ときどき天体望遠鏡を覗いて星を観察します。赤い星、青い星、白い星、またたく星、群れる星、輪をもつ星、流れる星、……星にもいろいろ個性があります。

時間を忘れて星空に見とれていると、しだいに空が白んできます。夜明けが近づくと、はじめに鳥たちが目を覚まして鳴き始め、その後に虫たちが活動をはじめ、また喧噪の一日がはじまります。空が明るくなると、夜空の主役だった明るい星たちが、次第に薄らいでいきます。日の出を迎え、太陽が高くなると星たちは消えてしまいます。実際には、星は消えたわけではなく、今も空にあるのですが、見えなくなってしまったのです。なんだか淋しい気持ちになります。

修行はこれと似たところがあるのです。純粋で真剣に修行に取り組むと、心が静まり、今まで見えなかったものがみえるようになります。はじめに自分の心の弱さや汚れが見えてくることもあるでしょう。心の騒がしさ、混乱、執着、欲、怒り、悲しみ、傷つき、不純、後悔、……などなど。

私の場合は、修行をやってみたら、自分の軟弱さや、過去の失敗や悪事、悲しみや怒りなどが津波のように押し寄せて、これが自分なのだと受けとめざるを得なくなりました。しかし、自分のあるがままを自覚して、受け入れて、観察していると、少しずつ心が掃除されて、やがて波立たなくなって楽になり、静かに清らかになっていきます。

心がきれいになると、今度は、今まで見えていなかった美しい世界が見えるようになります。それはあたかも、日没とともに星空が現れるようにです。忙しく騒がしい心では見えなかった、真実の世界が少しずつ見えるようになるのです。心が汚れて騒がしいままでは、真理の世界は姿を現しません。昼には星が見えないように。

知識をつめこんでも、ただ考えても、人づての情報だけでは、決してわからない世界があります。それが修行者の心であり、修行してはじめて見えてくる真実の世界です。

曇ったレンズの望遠鏡を覗いてみても、星は見えません。レンズを磨いてきれいにすれば、星はきれいにはっきり見えます。だから、修行とは心のレンズを磨くとっておきの方法なのです。

どこの聖地にいったとか、すごい導師に会ったとか、どの教団に所属したとか、何年やったとか、すごい苦行をしたとか、すごい神秘体験をしたとか、指導者に認められたとか、偉くなったとか、そういうことは、修行とはまったく全然関係がないのです。

もしもこのようなことにこだわっているとしたら、それはまだ修行ができていないということなのです。

そのようなこだわりこそ、心の曇りなので、修行で心を磨いて、手放さなければなりません。

脳天気でお気楽であればそれでよいかといえば、そうではありません。修行を実り多いものとするためには、心の純粋さだけではなく、命をかけるような真剣さ、理解にもとずいた信仰、熱意、努力、注意力、集中力、智慧、熟考、忍耐、布施、奉仕、謙虚さ、正直さ、誠実さ、正しい生活、離欲、よいご縁、これまでに積んだ功徳……等々、多くの条件が必要です。すべて揃っている人はいませんから、これらのよい性質をもっともっと高められるように、修行をするのです。

自分の心を清らかにすることが、修行の当面の目的です。心が清らかに磨かれれば、真実が見えてくるのです。真実が見えてくると、智慧が深まり、煩悩が減っていきます。煩悩が減ると、さらに真実が見えるようになり、苦しみも減っていきます。この好循環を推し進めて、煩悩が完全に消滅したら、もう生まれてくることなく、永遠の平安の中で、解脱します。それが修行の完成です。

修行をして、心が清らかになると、星が見えるように、真実の世界が見えてきます。修行が進んだら、進んだなと自分でわかるのです。

修行が進んでも、油断して気を抜いたり、日常生活に埋没すると、真実の世界はそこにあるにもかかわらず、再び見えなくなっていきます。ちょうど、夜が明けると、美しい星が次々と姿を消していくように。

日常生活が忙しいから、修行などする暇がないという人がいます。日常生活が修行だから、わざわざ修行する必要はないという人もいます。

一見もっともなのですが、実際に修行をしているひとは、そのようなことは決していいません。それは真剣に修行に飛び込まなければ決してわからない世界があるからです。日常を離れ、修行をしてみると、日常生活とは一体何なのか、なんのためにどこへ向かって生きているのか、さまざなことを根本から考えるようになり、少しずつ理解が深まっていくのです。

修行を体験せずに、修行について論評するだけでは、頭で推測しているだけなので、意味のないことです。現実の伴わない思考のことを、仏教ではすべて妄想と呼んで退けます。本書では、私の修行体験を追体験することができます。しかし、もし可能なら、実際にできるところからやってみて、自ら確かめてみることをお薦めします。

修行することは、ときにはひどい苦しみも生じますが、苦しみが目的ではありません。それを突き抜けて、自分の心の現実を知り、心が清らかになることは、他に代えがたい成果なのです。真実に触れると、深い喜びに満たされます。歓喜にみたされることもあるでしょう。すると、心も体も軽くなるのです。ですから、修行は楽しいものなのです。

実際にやってみて、それが私にははっきりわかりました。私は都会生まれの都会育ちで、今も都会で仕事をしていて、バリバリの修行者ではありません。しかし、一生懸命やっていると、軟弱者の私でも、私なりに修行ができるということがわかりました。もちろん、私はまだまだ修行は完成していませんので、今も修行中であり、これからも続けるつもりです。あと何年、何百年、何千年かかるかわかりませんが、道ははっきりしているので、完成するまで続けたいと思います。

私は臨床心理学者でもあるので、修行の心理について、自分の体験をもとに、さまざまな学術研究の成果と照らし合わせながら探求してみました。

この本は、真理を求める人、正しい生き方を求める人、そして苦しみを根本から取り除いて幸せになりたい人のために心を込めて書きました。学術的な内容も、知識がなくても理解できるように、できるだけ分かりやすく書いたつもりです。

普遍的な真理（法、ダンマという）を求め、法を喜ぶ人は私の友人です。この本は、そのような友人のために書きました。もしも本書がお役に立てれば幸いです。

この本は、今までに私が執筆した修行に関する論文や小論をもとにしていますが、一般の方にも理解しやすいように表現を改めたり、論文では書けなかったことを大幅に加筆するなど、全面的に修正して、書き下ろしたものです。

前著『新・臨床心理学事典』に引き続いて、今回も編集してくださったコスモス・ライブラリーの大野純一社長に感謝します。すてきなイラストを描いてくださった矢崎末由さんに感謝します。

軟弱者の私に修行の道を開いてくださり、導いてくださった師匠、行者、比丘、シャーマン、精霊、神々、ブッダに心からの感謝を捧げます。

二〇一六年九月十二日　山名湖村　法喜楽堂にて

石川勇一

第一章　修行体験

修行のはじまり

私が修行を体験することになったのは、知り合いのある女性から修行の体験談をきいたことがきっかけであった。彼女は都心に住む細身で小柄な女性だが、熊野の山奥で本物の修験道の行者のもとで修行をしているという。修験道というのは、あとで詳しく説明するが、山の中で本格的な修行をする日本古来からの宗教である。

その修行話に耳を傾けていると、ぐんぐんと引き込まれ、興味が尽きなかった。私が身を乗り出して聴いていたためか、あるときその女性から一緒に修行に来ないかと誘いを受けた。すると私の眼前には、山の色鮮やかな緑に溶け込んで山を歩いている自分自身の姿が即時に鮮やかにイメージされて、二つ返事で参加を申し出た。

私の普段の仕事は大学の教員と、自分で開いているセラピールームでの心理療法である。いうまでもなく、どちらも大半は屋内で過ごし、多くはデスクワークである。通勤などで自転車には乗っているが、それほど長い時間でもなく、そのほかには特に運動も行っていなかった。そんな自分が険しい山道を毎日歩いて修行などできるだろうかという不安もあった。

その女性に尋ねると、そこでの修行は、午前中に毎日山道を十キロほど歩き、そのほかにも滝に入ったり農作業をしたり掃除をしたり、かなり体力を要するので準備をした方がよいときいた。そこで私は、時間を見つけては自宅周辺の道を五～十キロほど早足で歩くなどして、修行に向けて準備をした。

修験道とのご縁

いままで、修験道の行者（修験者とか山伏《やまぶし》と呼ぶ）とは少しだけ縁があった。大学の同僚に羽黒山で長年峰入《みねい》りの行をしている山伏がいて、何度か山に連れて行っていただいたことがある。その山伏は豪快な人柄でありながら、山・植物・諸々の文化に詳しく、いろいろと学ぶことも多かった。山を歩いていると、ときおり数珠を鳴らしながら真言を唱えていた。滝行をしたときには、私が滝を浴びている間、錫杖を鳴らしながらお経を唱えたりしていたが、私は意味を尋ねることもなかった。修験道というのは、山のなかで修行して健康的で開放的であり、気持ちも爽快になり、しかも文化的・宗教的な深さがありそうだという印象をもっていた。ただし、自分から進んで修験道を研究したり、行を実践しようとは思わなかった。

あるいは、ＮＨＫの「こころの時代」というテレビ番組で、偶然に修験者の塩沼亮潤大阿闍梨のお話をきいて心を打たれたこともあった。一九六八年に仙台で生まれた塩沼さんは、東北高等学校を卒業すると、奈良県の吉野山にある修験本宗総本山の金峯山寺で得度し、小僧として一定の修行を積んだ後、大峯千日回峰行という荒行に挑戦する。大峯千日回峰行とは、山開き期間中に千日間休みなく毎日四十八キロもの山道を礼拝しながら歩くというもっとも過酷な行である。世界でもっとも便利で快適ともいわれる今日の日本で、毎日命がけで山を歩いて礼拝し続ける人がいたことに私は衝撃を受けた。それだけではなく、塩沼さんの語りを聴いていると、修行への非常に強い思いに圧倒され、はじめは座椅子にもたれてテレビをみていた私は、いつしかひとりで背筋を伸ばして聴き入っていた。塩沼さんは、この荒行に、金峯山寺千三百年の歴史で二人目に成功（満行）したという。千日回峰行満行後には、四無行といわれる、九日間断食、断水、不眠、不臥（一切食べない、水を飲まない、寝ない、横にならない）をしながら御真言を唱え続ける修行も達成したという。

　想像を絶する修行の凄まじさはもちろん、塩沼さんから滲み出てくる強くまっすぐな心に感銘を受けたので、実際にお会いしてみたくなった。そこで、懇意にしていただいている仏教学者とともに、関心のある学生数名を連れて、塩沼さんが住職をしておられる仙台の慈眼寺まで尋ねていった。塩沼さんは、私たちが到着すると、お茶を振る舞ってくださり、穏やかに語って下さった。穏やかでありながら、テレビで見たときと同様に、あるいはそれ以上に、心の芯に燃えるような強くまっすぐな心があるのを伝わってきて動かされた。同行して下さった仏教学者の先生は感極まって言葉が出なかったほどである。塩沼さんは、一方的に話されるだけではなく、私の話も非常に注意深く聴いてくださり、ひとつひとつ丁寧に答えてくださった。慈眼寺を尋ねた後は、近くにある美しい秋保《あきう》大滝を訪れ、学生らと共にくつろいだ後、清々しい気持ちで帰宅した。

このように、羽黒山の修験者に山に連れて行ってもらったり、千日回峰行者の塩沼さんから直接お話を伺って感銘を受けるなど、修験道にはよいイメージをもっていた。しかし、自分自身が修行するとは考えることさえなかった。修験道とは、屈強な男性が挑むもので、私のような都会育ちのインドア派が簡単に手を出せるようなものではなく、別世界の話として聴いていたからである。

このような私が、不思議なことに、熊野の修行への誘いは、すぐにイメージが湧き、迷いなく行きたいと思って参加を即決した。屈強な男性ではなく、都心に住む小柄な女性から修行の体験談をきいたことが、より身近に感じられたひとつの要素ではあったと思う。しかしそのこと以上に、この話には「縁」があったからこそ私が行くことになったのだと、今ふりかえるとそう思う。

修行初体験

熊野の修行場へと行く日となった。横浜駅から夜行バスで出発し、翌朝和歌山県の新宮駅《しんぐう》に到着した。新宮駅でタクシーにのって行き先を告げたが、地元の運転手も場所がよくわからないようで、迷いながらの到着となった。修行場は、三重県の熊野市よりさらに二十キロほど山奥（南西）にあり、ちょうど熊野三山（熊野本宮大社、熊野速玉大社、熊野那智大社の三つの神社）を結ぶ三角形の真ん中付近に位置する。険しい山々に囲まれた限界集落の奥にある、古民家を活用した山修山学林という場所である。山学林には、神変行者堂と行者の寝泊まりする母屋のほか（写真1）、田や畑、丸太小屋やテントの設営可能な野原など

写真１．山修山学林（左の建物が神変行者堂）

を擁し、周囲は豊かな水や滝に恵まれている。

　山学林に到着すると、立石光正行者が迎えてくれた。眼光鋭く、エネルギーに満ちあふれた立石師は、この行場を開いた修験道の行者であり、かつて金峯山寺で百日回峰行など数多くの修行を行い、また卓越した立螺師《りゅうらし》（法螺貝《ほらがい》奏者）として多くの行者に法螺の指導をされた方としても知られている。山学林への交通はすこぶる不便であるが、全国あるいは海外から噂をききつけて訪れる人が絶えない。修行する人、旅人、奉仕や布施をしに来る人、人生に迷いや悩みがある人、心の病を抱える人、身心のリフレッシュに来る人、学術調査に来る学者、日本文化に関心を持つ外国人、音楽に関心のある人、武術に関心のある人、スピリチュアル好きの人、等々、国籍・年齢・性別を問わず、さまざまな面々が集まってくる。山学林では、毎日朝夕二回の勤行がお堂で行われ、修行するものは回峰行、滝行、断食行などを真剣に行っている。

　山学林の和室でお茶をいただいて一服すると、早速山を歩いてくるよう指示された。ここで当時修行をされていた小柄な女性に道を先導していただいた。立石師が開いた回峰行のコースは、一部の熊野古道（大雲取越）や里道を通るが、そのほかは深い山・森・尾根・沢・岩場を通る獣道や道なき道であり、二、三度歩いたくらいでは到底覚えられない道筋である。全長約十キロで、かなり激しいアップダウンがある。

　道の途中、大きな岩や仏像などがある九ヶ所で立ち止まり、決められた短い礼拝を行った。清々しい空気に包まれ、熊野の深い山の行道を歩けることに喜びを感じた。都会で十キロを何度も歩いて準備してきたはずであるが、それが十分でなかったことは初日に理解できた。高低差が大きく、足場も万全でない険しい山道・獣道・岩場を十キロ歩くための体力は、整地された平らなアスファルトの上を十キロ歩く体力の少なくとも数倍は必要とされるのだ。気分はとてもよかったが、初日の午前中に一回コースを歩いただけでかなり体力を使い果たしてしまった。

　このときのはじめての修行体験は、五日間の短い期間であり、入門的なプチ修行であった。とはいえ、ワークショップとは異なり、修行はそれほど簡単ではない。毎日日の出前にお堂で五体投地という真言を唱えながら身体を地面に投げ出す動作を五十四回くり返し、一連の短い礼拝を行った後、まだ薄暗い中で金剛杖をもって山に出発し、十キロほどのコースを歩いた。山学林に戻ってくるのは昼前であった。昼食がその日の一食目となる。午後には川に入って泳いだり歩いたりしながら、逆に沢登りや岩壁を登って滝に入ることもあった。熊野には実にたくさんの清流や滝がある。しかも林道すらないところにも歩いたり泳いだりして巡るので、地元の人も知らないであろうような、手つかずの美しい自然をたくさん味わった。あるいは、農作業を行ったり、神社に詣でたり、天然の温泉に行ったりもした。文字通り大自然に抱かれているというような非常に濃い毎日であった。

プチ修行は盛りだくさんで、大自然の中で心が解放されたが、体力は限界に達していた。獣道を歩く中で、おそらく筋肉疲労のためだと思われるが、途中で膝が痛くなり、山を下ると脚がガクガクするだけではなく、しだいに激痛が走るようになった。そのため、非常にスローなペースでしか歩けなくなり、一歩一歩苦痛に顔をしかめていた。先導者の女性を待たせてばかりになり、申し訳なさと情けなさと痛みで、心まで折れかけた。それでも先導者は意に介する様子もなく、「痛みをよく感じてください」と淡々として待ってくれていた。また気持ちよさそうに山で礼拝する彼女の姿はとても清らかで美しかった。

修験道開祖の役行者のよく知られた伝承に、

身の苦によって心乱れざれば　証課《しょうか》自ずから至る

という言葉がある。「苦しい修行を積みなさい。身体の苦しみによって心が乱れないならば、悟りの境地も自然に訪れます。」というような意味であるが、私の場合はこの言葉とはほど遠く、「身の苦によって心大いに乱る」現実を自覚せざるを得なかった。

膝の痛みや疲労は、その日のうちに解消されず、翌日に持ち越されてしまった。身体が疲れると気持ちよくぐっすり眠れるものだと思っていたが、度を越した疲労は不眠をもたらす。不眠ではあまり悩んだことがなかったが、このときは脚がほてってなかなか眠れず、眠れないと明日ますます辛くなると思って焦り、結局十分に睡眠をとれないままに翌朝を迎えてしまった。

このように身体が疲れ、痛みも取れず、心もそれに引きずられて不安になったりと、身心ともにふらふらになりながらも、なんとかプチ修行は最終日を迎えた。最後の回峰行も、痛い脚を引きずりながら山を歩き、お堂に戻ってくることができた。

行者誕生

最終日は、お護摩《ごま》の日であった。護摩とは、もともとインドのバラモン教で行われていた火を祀る儀式ホーマ（homa：サンスクリット語で「焼く」「焚く」の意味）が、後に密教に取り入れられて護摩（ホーマの音写）となり、修験道にも簡略化されて導入されたものである。行者が護摩壇で護摩木を焚き、真言や経を唱えることによって、諸々の世俗的願望を達成したり、解脱の成就を祈る儀式である。

夏の暑い日に、お堂で火を焚き、皆で経や真言を大きな声で唱えると、敷いている座布団がぐっしょりなるほど汗が噴き出て滴った。立石師の護摩は大変に迫力があり、真剣そのものである。私は濃い五日間を終え、身体は疲れ果て、心は何も考えることができないような放心状態であったが、心地よく護摩の雰囲気に馴染んで座っていた。

護摩の最後の方で、立石師が法螺貝を吹いたときのことである。突然、その法螺の音が、私の身体全身を突き通してきた。心と体が法螺の振動で揺さぶられ、その音色に同化するように満たされたかと思うやいなや、不意に涙がはたはたと流れ落ちた。自分でも何が起きているのかよくわからなかったが、熱い涙であった。法螺貝を吹かれると、なにも障壁がなく体と心が振動・共鳴し、それに洗い流されるかのように熱い涙が自動的にこぼれた。いい歳の男が涙をぼろぼろ流しているのは恥ずかしいという思いがよぎったが、涙を止めることはできなかった。

法螺貝の音（振動）は無限に優しかった。私は、なにも媒介にせず、言葉もなく、直接真実に触れ、つながったかのような安堵感を得て、なんとありがたいことなのだろうという気持ちがこみ上げてきた。そう思ったら、また泣けてきた。仏の大慈悲心に触れるとはこのようなことなのだろうか。

護摩が終わると、立石師は私に話しかけてきた。その時の智慧のある優しい表情はよく覚えているが、何をお話しされたのかは覚えていない。しかし、話の途中で、今度はオカリナを吹かれた。そうすると、また自動的に涙が流れてしまった。音がこれほどに暖かく、人を貫くものであることを私は今まで知らなかった。

五日間のプチ修行で軟弱な私は疲労困憊し、それによって心が空っぽになり、防衛するものや内面のノイズがすっかりなくなっていた。そのことが、法螺の音やオカリナの音を耳だけではなく、全存在で、歪めることなく、心で聴くことを可能にしたのだと思う。熊野の山を礼拝しながらたくさん歩き、滝に入ったり川を泳いだりするなかで、心の汚れが払われ、透明になっていたのである。透明になったがゆえに、法螺の音を全身で感じることができ、全身で感じることができたがゆえに、その音にたたみ込まれている慈悲の心と宇宙の真理に共鳴し、一体化できたのである。

立石師は、あるとき次のような不思議な体験を話してくださった。東北の遠野（岩手県）を訪れた際に、冷害で亡くなられた大勢の方々の供養が必要だと感じ、オカリナを吹いたという。すると、目の前にある苔の下にある岩に刻まれた文字が一斉に光ったというのである。苔の下であるから、肉眼では見えないのであるが、それが光って見えたというのだ。私は、師の法螺やオカリナに心が直接反応することを身をもって体験したので、かつて亡くなられた方々も同様に音に動かされ、供養されたのではないかと受け取った。

このような音と光による供養ができる立石師は素晴らしい行者であると思うと同時に、その世界を感じることができた自分自身も誇りに思うし、なにより喜ばしいことである。そして真理の世界への扉を開いてくださった立石先生には、永遠の感謝を捧げたいと思う。

実際、この法螺貝の体験から、私は生きる世界が不可逆的に変わったのである。

第一は、耳ができたということである。耳ができたとは、耳だけで音を聴くのではなく、音の背後にあるものを心で感じ取るということである。私たちは、耳に心地のよい音や、聞き心地のよい言葉・概念・物語に騙されたり、執着することによって、心が汚れているのである。心に汚れがあるがゆえに、真実を覚ることも感じることもできず、欲を満たす喜びしか知らない狭い世界で生きている。狭い世界で生きる無知な凡夫《ぼんぷ》は、心の汚れから離れる清浄《しょうじょう》な喜び、これこそ真の喜びであり修行の喜びなのであるが、これを知らないままに、自らの欲に支配されたまま、苦しみの人生を生きているのである。耳ができるということは、この苦しみの世界から解放された真実の世界の音を聴き分けられるということである。

第二は、耳ができたことによって、学問・観念・物語・哲学・宗教の教義への執着や期待を手放すことができたことである。言葉だけの、理屈だけの、論理だけの、知識だけの、データだけの世界をどれだけ探求しても、真理に至る道ではない、ということが私の中で明確になった。権威のある学説であろうとも、大先生の意見であろうとも、よい音が発せられず、心に響かないならば、私は惹かれない身体に変わったのである。整えられた言葉や論理であっても、本当にそれを理解し体現していない人がそれを語っているならば、ただの観念に過ぎない空しい言葉である。空しい言葉は他人を揺さぶり、目ざめさせることはできない。意味を表す記号としての言葉ではなく、音に真実が込められているかどうかがより重要なのだ。これは、学問を否定しているのではない。学問はもちろんそれなりに意味のあるものに違いないが、学問によっては清浄にもなれないし、悟ることもできない、生きることの苦しみを根本から解決することもできない、ということである。

仏教の開祖ゴータマ・ブッダが次のように説いているとおりである。

「教義によって、学問によって、戒律や道徳によって清らかになることができる」とは、私は説かない。「教義がなくても、学問がなくても、戒律や道徳を守らないでも、清らかになることができる」とも説かない。それらを捨て去って、固執することなく、こだわることなく、平安であって、迷いの生存を願ってはならぬ。これが内心の平安である。(Suttanipāta839)

この世において見解や伝承の学問や戒律や誓いをすっかり捨て、また種々のしかたをもすっかり捨てて、妄執をよく究め明かして、心に汚れのない人々——かれらは実に「煩悩の激流を乗り越えた人々である」と、わたしは説く。(Suttanipāta1082)

私が法螺貝の音に満たされて変わったことの第三は、修行の道が開かれたことである。これまでも、私は無手勝流にではあるが、自分なりに人の生きる道、真実の道を青年の頃から探求し続けてきた。それは分野を問わず書物を乱読したり、キリスト教会で聖書を学んだり奉仕活動をさせていただいたり、ヨーガ・太極拳・気功・瞑想の指導を受けて身心の技法を学んだり、臨床心理学・人間性心理学・トランスパーソナル心理学などを学び、学会などでもさまざまな研究活動をしたり、臨床心理士としてさまざまな心理療法・セラピーを多くの人に実践したり、諸宗教の聖者の人生や教えを学んだり、スピリチュアルな知識を得るなど、幅広く探求を続けてきた。どの探求においても興味深く、学ぶことは多く、実りも少なくなかったが、それでも私は満足していなかった。真理に到達した確かな手応えはなく、未だにわからないことも山積みで、生きる苦しみも消えてはいなかった。しかし、法螺貝の音に貫かれるような、直接的な体験は、疑う余地のない直接的ななにかであった。このような体験が起こるということは、ここにはなにがしかの真実があるに違いないと確信した。このような直接的な全心身的な体験は、疑い得ない揺るぎない真実へ至る、修行という世界への扉であった。よく考えれば、生きること自体がすべて修行なのであるが、そのなかでもより密度が濃く、頭だけの観念的な世界ではなく、全身心をもって悟りに向けて自覚的に集中して努力することが狭義の修行である。このような教義の修行の世界、実験実習をしていく世界、精進しながら、自らの心を浄め、現象をよく観察し、真理を覚ろうとする修行の世界を垣間見て、私はそこに足を踏み入れたのである。

とはいえ、本当をいえば、すぐに修行を続けようとは私は思えなかった。修験道のプチ修行をして、自らの軟弱ぶりを大いに自覚して、こんな自分にはやはり修行は無理なのではないかという思いも拭えなかったからである。そのとき立石師は、

「石川さん、行者っていうのはね、真理を探究する人のことなんだよ。」

と言ってくださったので、私は、

「真理を探究する人が行者なら、軟弱な行者ではありますが、私も行者としてお認め下さい。」

「よし、行者の石川さんに乾杯」

と杯を交わし、めでたく行者の仲間入りを果たした。

以上のように、初めての修行と法螺貝の音に貫かれた体験は、三つの不可逆な変化を私にもたらした。すなわち、耳ができて、学問や諸宗教の教義への執着が脱落し、真理の実践的な探究者としての行者の仲間入りをしたこと、である。これは私の生き方・在り方の刷新であり、内的なイニシエーションであった。修了証や資格を交付するような、人為的な表面的・形式的な儀礼ではなく、内的なプロセスが満ちて、古いものが無くなり、新しい生がはじまる、真正なる再生としてのイニシエーションである。

このイニシエート体験によって、私の真理探究の道のりは、新たな段階に突入した。観念的な自我が死

に、実践的な修行（実験実習）によって、自らの心身で実存的に真理を感じとり、正邪を見分け、真に理解し、知恵を深めていく行者として生まれたのである。

山と対話ができる道具

めでたく行者の仲間入りを果たした私は、帰り際に立石師に法螺貝の購入を申し出た。自分用の法螺貝を選んで、制作を依頼したのである。

帰宅後一ヶ月位経ったある日、宅急便で法螺貝の入った段ボールが届いた。胸の高鳴りを感じながら段ボールのガムテープをはがして開けると、立石師の直筆のメッセージがしたためられた封書と、持ち運び用に編まれた焦げ茶色の網と共に、マウスピースが装着されてピカピカに磨かれた法螺貝が入っていた。あれほど感銘を受けた法螺の音を、自分も出せるだろうかと思うと、いてもたってもいられない気持ちになった。法螺の音はとても大きいので都会では近所迷惑になって吹くことはできない。それからは、時間を見つけては、ひとりで山に入って法螺貝を吹くようになった。

山で法螺貝を練習すると、次第にコツがつかめてきて、唇を適度に絞って腹から強く息を吹くと、ヴゥウォオーンという下腹部に響くような低音が出せるようになってきた。法螺の基本である乙音《おつおん》である。法螺の乙音は静かな山の隅々まで染みこんでいくように思われ、短い礼拝の作法を心を込めて行ってから、山に感謝の意をのせて話しかけるようなつもりで法螺貝を吹いてみた。するとなんと気持ちがよいことだろうか！　ほとんど恍惚状態に陥った。私の妄想かもしれないが、山が音を聴いている、山とコミュニケーションがとれたような感覚がやってきたのである。

それからというもの、当時の自宅に近い神奈川県の山々や、東京都西部の山々など、時間があれば法螺貝と杖を持ってひとりで出かけるようになった。法螺貝で山に挨拶し、主観的な感覚ではあるが山と対話できるようになると、山で孤独感はまったくと言っていいほど感じなかった。むしろとても満たされている気持ちである。

地元の山々を歩く

調べてみると、神奈川県には、丹沢という深い山岳地帯があり、その東部にはかつて修験道の修行が盛んだった山がたくさんある。その名残で、山道や寺院には、役行者や不動明王など、修験道所縁の菩薩や明王が祀られているところが数多い。

明治時代初期の神仏分離令と修験道廃止令発布以後、今日まで神奈川県では修験道はほとんど壊滅状態のままであるが、古くは大山修験、日向《ひなた》修験、八菅《はすげ》修験と多くの修験者集団が修行していた地である。それらの山々や周辺には、修験道所縁の神仏像が残されているだけではなく、行者が修行していた洞窟や滝もある。私はこのような場所を法螺貝を持ってくまなく歩き、法螺貝を吹いて山と対話し続けた。かつて木食行《もくじき》（木の実や草のみを食べて生活する修行）者の弾誓上人《たんぜいしょうにん》（一五五二～一六一三年）が籠もって修行していた洞窟が今も朽ちかけた山道の途中に残っているが、そこでたびたび勤行《ごんぎょう》をあげて瞑想も行った。あるいは、山道を外れて藪漕《やぶこ》ぎをして傷だらけになりながら歩いたり、沢登りをして人がやってこない場所にある滝に入った。気持ちのよい岩場に座って法螺を吹いて瞑想したりした。あまりに熱中しすぎて、道に迷ったり、日が落ちるまで岩の上で瞑想して、帰りにほとんど真っ暗になった山道を焦って走り下ったこともあった。

日没後の山は急激に視界が悪くなりとても危険である。獣や害虫もいるし、低山であっても遭難しうる。くれぐれもマネはせず、山には十分なゆとりのある計画を立てて出かけていただきたい。

しかし、私は山でひとりで過ごし、とても満足した。法螺の音で山とつながり、森で動物、虫、植物、大地、水、火（陽）、風とつながり、平和で清々しい心になった。昔に同じ山で修行をしていた修験者の気持ちにも思いを馳せた。山を歩いていると、無駄な観念や想念がなくなり、気持ちが爽快で、そして山々や神仏への愛情と感謝の念に満たされた。

都会でインドア生活を送っていた私が、修験道の修行に出会い、参加し、法螺貝の音に全身を揺さぶられ、今こうして自分が法螺貝を持って、ひとりで山で瞑想している。不思議なことだった。しかし本当にいいことを知れたと思った。山で修行をするとはどういうことなのか、山とつながるとはどういうことか、自分なりに合点がいき、それを堪能していた。

修験道のあらまし

修験道の修行体験はまだまだ続くのであるが、その話に入る前に、ここで修験道とは何かについて、手短にまとめておきたい。今日の日本では、修験道について、ほとんど何も知らないか、断片的知識しかないひとが、圧倒的に多いからである。すでに修験道に詳しい人や、修験道に関心はないという方は、この部分を飛ばして読んでいただいても結構である（飛ばす方は27ページの「再び熊野に」へどうぞ）。

修験道研究の第一人者である宮家準（2001）によると、「修験道は山岳を神霊・祖霊などのすまう霊地として崇めた我が国古来の山岳信仰が、シャーマニズム、道教、密教などの影響のもとに平安時代末頃に一つの宗教形態を形成したものである」としている。日本にもともとあった自然崇拝の素朴な霊的営みが、外来の道教や密教を取り入れて習合して形成された日本独自の宗教的営為なのである。

西欧の自然観においては、しばしば山は猛獣や悪魔の住まう危険な場所だと認識されてきたが、日本ではそれと対照的に、古より山を聖なる領域とみなしてきた。こうした見方がより発展して、山に住まう神々や諸霊への敬愛の念さえ抱きつつ、山の奥深くに入り、自然を崇拝しながら本格的に修行する人々が出現したものと思われる。

このような山岳信仰が息づいていた日本の精神的風土において、七世紀に葛城山（現在の奈良県に位置する）に役行者《えんのぎょうじゃ》（本名役小角《えんのおづの》、六三四頃～七〇一年）と呼ばれる宗教的天才が登場する。役行者は、今日まで語り継がれる数々の伝説を残し、修験道の開祖とされている。役行者は後に光格天皇より神変大菩薩《じんぺんだいぼさつ》との諡号《しごう》を受け、修験者は「南無神変大菩薩」と称えて慕うようになった。

「南無」とは、日本人には「南無阿弥陀仏」「南無妙法蓮華経」という有名な御真言でも馴染みがある言葉であるが、もともとサンスクリット語のナマス（namas）の音を漢字で写した（音写）言葉で、頭を下げ敬意を示すこと、帰依《きえ》することを意味する。ナマスの音写としては、南無のほかに、南摩《なま》、納莫《のうまく》、那謨《なも》などがあるが、どれも同じ意味である。

役行者は今日でも日本各地の山で祀られており、夥しい伝説がある一方で、本人による著作は一冊もない。著書をもたない開祖による宗教的伝統が千三百年に渡って継続し、いつの時代にも多くの民衆や宗教家などの関心を集め続けてきたことは、宗教学的にみてきわめて希少な人物であると指摘されている（正木、2011）。自著がないにもかかわらず、千年以上にわたって民衆の関心を集めているのは、イエス・キリストやゴータマ・ブッダのような限られた聖者しかいないようである。

奈良時代には修験者は国家から危険視されて規制の対象となり、賤民《せんみん》として扱われるが、平安時代になると、密教の影響を受けて修験道が理論化され、本山修験派（金峯山寺）、当山派（真言系）、本山派（天台系）の流派に分かれて組織化が進む。

平安時代には、修験者たちは当時の民衆が恐れをなしていた怨霊《おんりょう》の呪いを祓《はら》ったり、現世利益をもたらすことによって、貴族たちに重宝され、社会的地位を獲得していった。宮家（2001）は、「修験道は山岳修行によって超自然的な力を獲得し、その力を用いて呪術宗教的活動を行うことを目的とする日本独自の宗教である」と述べているが、修験者は修行によって超自然的な霊力（験力《げんりき》あるいは神通力《じんつうりき》）を獲得すると信じられていた。

鎌倉時代になると、修験道は神道、陰陽道、民間信仰を取り込み、民衆の支持を得て大衆化した。修行の拠点は葛城山、大峰山、金峰山、熊野三山から、富士山、羽黒山、彦山、御嶽山、大山、白山など全国の山岳に広がり、それぞれに修行集団を形成し、独自の展開をしていった。

江戸時代には、宗教学者の正木（2011）によると、修験者がなんと十七万人もいたという。仏教者の半数近くは実は修験者だったらしい。正木は、「現在では想像もできないくらい多くの修験者が活躍していたことは、疑いようがない」と述べている。

このように、修験者たちは平安時代以後、徐々に社会的地歩を築き、民衆との距離を縮めて活躍するようになり、江戸末期には最盛期を迎えたのである。当時の庶民にとっては、修験道や修験者は、非常に身近な存在であり、日本人の精神生活に大きな影響を与えていたのかも知れない。

断絶と復興

しかし、明治時代になると、西洋諸国に伍するために国家神道創設に突き進む政府によって、再び弾圧の憂き目を見る。明治政府は、一八六八年（明治元年）に神仏分離令を発布し、神仏の習合を切り裂いただけでなく、仏堂・仏像・仏具・経巻などを破壊する徹底的な仏教弾圧を行った。いわゆる廃仏毀釈である。その後、一八七二年（明治五年）には修験道禁止令を発布し、十七万人の修験者たちはほぼ壊滅状態に陥ったという。明治政府の強引な神道国教化政策は、日本を軍国主義に向かわせただけではなく、日本的霊性の大きな破壊でもあり、今日でも尚当時の霊性破壊の余波から日本人は脱出していないとさえいえるかもしれない。

昭和の第二次世界大戦敗戦後、新たな憲法によって信教の自由が保障され、修験道は徐々に復興しはじめる。平成十六年には、修験道の行場を中心とする「紀伊山地の霊場と参詣道（大峯山・熊野三山・高野山の三つの霊場と大峯奥駆道・熊野古道・高野山町石道の三つの参詣道）」がユネスコの世界遺産に登録されたのを機に、全国の修験道諸派が一堂に会する「修験道大決集《だいけつじゅう》」が催された（金峯山寺、2006）。その後、修験道の修行に参加する一般の人々が徐々に増加しており、今日になって再び隆盛の機運が見えはじめたという見方もある。

以上、簡略に修験道の歴史を振り返ってみたが、修験道は、自然に親和的な感性を抱く日本的な精神的土壌から誕生したものであることは間違いない。その後、仏教や民間信仰などを取り込んで徐々に理論化・組織化され、民衆にも広く認められるようになるが、明治の弾圧により一旦途絶え、現在は再興の途上にあるといえるだろう。

修験道は対象に応じて多様で柔軟に変化してきたことも特筆すべき特徴である。民衆に対しては呪術的な現世利益的な側面でその願望を満たすよう対応し、一方の修行においては、即身成仏、即身即仏、即身即身、あるいは仏凡一体、凡聖不二といった、一元論的な高度な悟りを実現する厳しい実践的な道として洗練されていった。修験道は、民衆レベルの呪術から本格的な霊性修行までの幅広い実践体系を築きつつ、少なくとも千三百年以上脈々と受け継がれてきた貴重な伝統なのである。そして今日もなお、日本各地の山で厳しい修行をする修験者を擁する生きた宗教的営為なのである。

再び熊野に

さて、修験道の概略を俯瞰したところで、私の修行体験に話を戻したい。初めての修行を終え、内的イニシエーションを通過して行者として新たに生まれ、地元の東丹沢の山々を単独で巡礼し、瞑想、法螺、滝行に没頭していた。

そこで再び、立石師に熊野で修行をさせていただくようお願いした。修行というものが少し理解できはじめたので、今度はひとりで修行をしたかった。回峰行というのは、本来ひとりで行う修行である。その方が、より微細な気づきが増し、実りが多いだろうと思った。

一週間余りの休みを取ることができたので、ひとりで熊野に向かった。車でおよそ十時間かけて運転し、熊野の山奥の山学林に到着すると、立石師は「よく来たな」と出迎えてくれた。法螺貝をつくってくれた御礼と、その後、丹沢の山々を歩いた体験などを伝えて挨拶を交わした後、再び熊野での修行がはじまった。夏の初めての修行から三ヶ月が経ち、季節も巡り、山の表情も秋に変わっていた。再び回峰行を、今度はひとりでできることがとても嬉しく、胸が高鳴った。

翌朝、夜明け前にお堂で礼拝して、回峰行に出発した。七日間の回峰行のはじまりである。天気予報によると、大型の台風が紀伊半島に近づいており、まもなく上陸の見込みという時期だった……

回峰行の一日

ここで、山学林で回峰行をしたときの一日のスケジュールを紹介しておく。季節や人などの諸条件によって変わるので、これは一例に過ぎない。

朝五時頃起床し、掃除、体操、五体投地五十四回をおこなう。朝食はとらず、夜明けとともに山に出発する。歩く道は、すでに述べたとおり、整備された熊野古道も一部含むが、道とは思えない険しい獣道や里道も多く、一部岩場もあり、全長約十キロでアップダウンも激しい。気を抜けば滑落する危険のある場所もあり、実際怪我人も出ている。出発点のお堂を含め、途中九ヶ所でお祈りをする場所が定められていて、そこで礼拝《らいはい》（三礼、法螺貝、お経、真言、法螺貝）を行う。回峰行に慣れた行者ならば四時間もあれば一周してお堂に戻ってこられるが、あまり運動をしていない都会人だと、六時間以上かかることが多い。普段まったく運動していない人であれば歩き通すのは困難な道である。

山から帰ると、小川で法螺貝や地下足袋を洗い、小さな滝で身を清め、昼食の準備をする。正午に昼食を取り、片づけると少し休憩する。洗濯などは空いている時間に行う。午後二時からは作務として、田畑での農作業、山仕事、薪割り、掃除、夕食の準備などを行う。午後五時にはお堂で夕座（勤行）、午後六時からは食事である。

食事は毎回、食時作法に従っていただくが、その後は各々自由に過ごし、夜十時頃就寝する。山学林の日々は、自然の中で身体をよく使い、シンプルな共同生活である。山を歩く時や勤行の時だけではなく、「二十四時間すべてが修行である」というのが立石師の考えである。

道に迷って山に出会う

回峰行はひとりで歩く行であり、歩行禅ともいわれる。しかし、山学林の行道は、案内板がないので、当然、はじめは一人では歩けない。このときは、はじめの二日間は先輩の行者に先導して歩いてもらい、三日目から一人で山を歩くことになった。

いよいよひとりで歩く日、丁度、台風が紀伊半島に接近し、大雨洪水暴風警報が発令された。周囲の一般自動車道も通行止めになっていた。常識的に考えれば、このような時期に山を独りで歩くのは危険であり、当然中止すべきであった。

しかし、私は塩沼さんから大峰千日回峰行の話を直接聞いて、台風で土砂崩れが起きたときも、発熱や下痢に苦しんだときも、脚の激痛で地面に顔から突っ伏して土を噛んだときも、千日間休みなく歩き通した話をきいていた。立石師も同じ道のりを、膝を怪我した状態で、嵐による鉄砲水に流されながらも毎日四十八キロを歩き通したことをきいていた。それに比べれば、私の行は五分の一ほどの距離を歩くだけのまったく楽なものであった。注意深くいこうとは思ったが、休もうという考えは湧いてこなかった。

暴風雨のなか、ひとりで山に入ると、いつもと様子が違っていた。山道のほとんどは道なのか川なのかわからない状態であり、風で落とされた無数の木の枝が散乱し、倒木をいくつも跨いで歩いた。全身が雨と汗でびしょ濡れになり、熊野古道を含めても、お堂に帰るまで途中で人と会うこともなかった。

このとき、私ははじめて一人で歩いたので、予想通り、何度も途中で道に迷ってしまった。たいていの場合は、間違った道を歩くとしばらくして気がつき、来た道を引き返して馴染みのある場所まで辿り着くと、間違えた場所が分かり、正しいコースに戻ることができた。しかし、コースの後半は、獣道すらない道なき道が続くところがあり、そこでかなり本格的に迷ってしまった。修行の三日目で、疲労もかなり蓄積し、雨風に打たれ、身体は脱力状態であった。深い森の中で立ち止まり、やはり迷ったかと一息をついた。そして、山に語りかけるようにおもむろに法螺貝を吹いてみた。

すると自分の吹いた法螺貝のヴゥゥォォーンという音がなんとも心地よく、その音が山全体に染み込んでいるのが感じられた。そして、山全体が法螺の音を聴いて受け止めてくれているように思えた。樹木、落ち葉、土、岩、雨、そして精霊たちが、こちらに暖かい意識をしっかりと向けていて、私は見守られているという不思議な、しかしはっきりした感覚に包まれた。山の奥で道に迷っているというのに不安はまったく消えてしまい、山全体の生命とつながったような心地よさに包まれて、雨が降っているのに暖かく、森が明るく輝いて見えた。ひとりでいるという感じはまったくしなかった。雨、風、森、歩行禅、疲労、汗、法螺などのすべてが、私を変性意識状態に導き、山と私を隔てる認識作用を洗い流し、山と私のもともとの在り方をあるがままに感じられるようにしてくれたのであろう。今、私は山の生命とつながり、その内部にいた。私はすっかり心が満たされ、森をあちらこちらに歩き回り、やがて本来の行道に辿り着くことができた。頭は非常に冷静であった。六時間以上山をさ迷ってしまったが、無事に山学林にもどることができた。山の中を迷う体験というのも、帰ってみれば貴重な楽しい体験であった。他の行者に話を聞くと、ここで九時間以上さ迷った人もいるから、六時間ならまだたいしたことはないと言われて笑った。

日を重ねるたびに、道に迷うことも少なくなり、ようやく、ほとんど何も考えずに、迷うことなく回峰行のコースを歩けるようになっていった。脚が勝手にコースを歩いているような感じである。

デジャ・ヴュの森

森をさまよったときに出会われた明るく暖かい森は、実は三つの意味で、私にとってはデジャ・ヴュ（déjà-vu：既視）体験でもあった。

第一には、冒頭で述べたとおり、はじめて修行に誘われた瞬間に、色鮮やかに輝く森を歩いているビジョンが広がったのであるが、それが現実化したと思える瞬間であった。

第二には、私が時折みる夢である。その夢とは、天国のように色鮮やかな美しい森や、まばゆく輝く山のなかを歩く鮮烈なものである。目が覚めると、夢であったことに毎回がっかりするのだが、どこかこのような美しい場所が実在しているのではないかという思いが残っていた。夢ほどではないにしても、台風直

下の暴風雨の熊野の山中で、夢に近いような美しい森の姿に出会え、どこかで知っている風景に感じたのであった。

第三は、幼少期の私には、現在よりも山や森がずっと美しく見えていた記憶である。大人になってからも、山や森はやはり好きであったが、かつてはもっと萌えるように美しい山が心に映っていたので、どうして大人になると同じように見えなくなってしまうのか、ずっと不思議に感じていた。これが、このとき熊野の森で迷うことによって、感覚が再び開かれ、幼少期に近い知覚を取り戻し、山本来の姿、山の生命の姿に再び出会えたのである。

霊的な仲間たち　トランスパーソナル・アニミズム

山学林の勤行では、さまざまなお経や御真言、祝詞のほかに、三十六童子《どうじ》、八大童子、八大童子名號《みょうごう》、五大明王、八大龍王尊など、諸眷属《けんぞく》や明王《みょうおう》、龍王等の御名をひとつひとつ声に出して呼び、意識を向け、毎朝供養する。たとえば次のように唱える。

南無三十六童子

矜羯羅童子、制托迦童子、不動恵童子、光網勝童子、無垢光童子、計子爾童子、智慧幢童子、質多羅童子、召請光童子、不思議童子、羅多羅童子、波羅波羅童子、伊醯羅童子、師子光童子、師子慧童子、阿婆羅底童子、持堅婆童子、利車毘童子、法挟護童子、因陀羅童子、大光明童子、小光明童子、佛守護童子、法守護童子、僧守護童子、金剛護童子、虚空護童子、虚空蔵童子、宝蔵護童子、吉祥妙童子、戒光慧童子、妙空蔵童子、普香王童子、善爾師童子、波利迦童子、烏婆計童子、聖無動眷属三十六童子、……

南無八大童子
慧光童子、慧喜童子、阿耨達童子、指徳童子、烏倶婆迦童子、清浄比丘童子、矜羯羅童子、制多迦童子

八大童子名號
検増童子、護世童子、虚空童子、剣光童子、悪除童子、香積童子、慈悲童子、除魔童子

五大明王
東方降三世夜叉明王、南方軍荼利夜叉明王、西方大威徳夜叉明王、北方金剛夜叉明王、中央に大日大聖不動明王

いったいこれらの数多いお名前はなんのことだろうかとはじめは思った。今も、ひとり一人の詳しいことはよく分からないが、このようなさまざまな存在者を供養することは、意味のあることであると、修行によって受けとめられるようになった。

私の場合、山の中で感覚が開かれてくると、多くの存在に見られ、見守られているという感じを受ける。それゆえ、山にひとりでいても孤独感はまったくなく、むしろ深い安堵と不思議な連帯感を覚えている。見られている感じ、守られている感じ、受け入れられている感じ、意志の疎通がなされていると感じる対象は、森全体、山全体なのかもしれないし、同時に個別の多種多様な動物、昆虫、微生物、そして精霊たちでもあるような気がする。それらがひとかたまりになって生きている、そのすべての命あるものに敬意を表しつつ、私もその一部となって行をさせていただいている、というような感覚なのである。

この、多様な存在者たちについて、もう少し掘り下げて考えてみたい。

修験道では、宗派によって若干の違いがあるようだが、役行者が感得したとされる蔵王権現《ざおうごんげん》か、密教でいう大日如来《だいにちにょらい》という、宇宙そのもの象徴する一仏を崇拝するということになっている。それと同時に、如来、明王、龍神、権現、童子、祖霊などの多種多様な存在も認めている。肉体をもたない存在者たちを認めているのである。多様でありながら一つであり、一つでありながら多様であるという、一即多、多即一という面白い論理である。

原始仏典では、如来はブッダのみであるが、やはりさまざまな神々、梵天、神霊、夜叉、餓鬼、などがおびただしく登場し、対話が克明に記されている。もともとの仏教では、さまざまな存在者がいるのは当たり前のことであり、大きく分けると世間は三界（欲界、色界、無色界）あるとされている。さらに詳細にすると、世界は三十一の世界があり、覚っていないものはここを業に応じて輪廻しているのである。

キリスト教では、父（神）・子（イエス）・聖霊からなる三位一体の神ということが正統的な教義になっている。唯一の神以外に神を認めないという立場ではあるが、聖書には悪霊もたびたび登場している。キリスト教世界が支配的である西洋世界の神話や昔話にも、精霊や妖精など、人間とは異なる霊的存在が神話、物語などにたびたび登場する。

多様な霊的存在の共存する多神教的世界は、明らかに一神教よりも普遍的なのだ。

一神教的価値観や、西欧近代合理主義では、森羅万象に魂の存在をみるアニミズムや、天使・妖精・眷属などの霊的存在を認めることは、未分化な発達段階にある者の幻想と位置づけられることが多い。この前提には、アニミズムから多神教へ、多神教から一神教へ、一神教から自然科学へという、進化論的序列づけが前提として隠されている。確かに、人間の願望や感情を、動物や自然界に投影する心理機制は、プレパーソナルで未成熟な発達段階に属する心の働きであると考えることは間違いではない。しかし、はたしてこのような序列づけが正しいかどうかは、大いに疑う余地がある。

世界各地のシャーマニズムや土着の宗教において、通文化的に無数の霊的存在が登場するのは、人間の想像力ももちろんあるだろうが、それ以上に、それらの霊的存在に遭遇した体験が無数に、普遍的になされていると考える方がむしろ自然である。

アニミズムの本質は未分化な感覚などではなく、一神教や合理主義的な世界観よりも、より洗練された微細な感覚によって、万物に宿る生命や、天使・妖精・眷属などと呼ばれる魂の実在を感じ取ることなのではないだろうか。

「山川草木悉皆成仏《さんせんそうもくしっかいじょうぶつ》」のように、無生物にまで霊性を見いだすことと、天使・精霊・眷属などの霊的存在を認めることの間には、やはり違いがある。また、動物は輪廻する心を有するが、植物に輪廻する心があるとは、もともと仏教では言っていない。このように、アニミズムと一言でいっても、多様なものがあるので、十把一絡げに論じるわけにはいかない。

ただし、第五章で見るように、私は少なくとも、肉体を持たない霊的存在がいることは体験的に確信してしまった。そうすると、そのようなアニミズムを未分化な心理現象であると片づけることには問題があると感じている。心の内面の投影による未分化なアニミズムもある一方で、より微細な感覚によって霊的存在を認識するアニミズムも確かに存在しているのである。後者を私は仮に、真正な体験であることを表現するために、トランスパーソナル・アニミズムと呼ぶのがふさわしいのではないかと考える。

山中で多様な存在者によって見守られ、意識を向けられていることを感じとり、法螺貝の音や、自分の息や意識が、山と一体となって呼応している、という不思議な感覚は、満ち足りた境地である。すべてが連関し合っている宇宙の一部に、一つの生命としての森に、私も組み込まれたという感覚的世界は、多様とも一つともいうことができる。多即一、一即多の世界であり、もろもろの霊的存在があり、彼らは同じ生きものとしての仲間であり、それらが多次元的に連関し合って存在しているという宇宙の姿の認識こそ、正しいのではないだろうか。これが、トランスパーソナル・アニミズムという世界の認識である。

修行の成果と喜び

七日間の回峰行は、台風直撃だったにもかかわらず、怪我をすることも脚を痛めることもなく、道に迷ったにもかかわらず遭難することもなく、やがて迷うこともなくなり、無事満行することができた。心地よい達成感に満たされた。同時に、心身にさまざまな変化が見られた。

まずは身体である。毎日回峰行を行うにつれて、はじめは疲労が蓄積したが、次第に順応してきて、いわゆる行者の脚ができてきた。日に日に、迷うことがなくなっただけではなく、歩くのが速くなり、お堂に戻ってくる時間が早くなった。筋力がついたということもあるだろうが、毎日内外の状況によく注意しながら歩いていると、動きに無駄が無くなってくるのである。最小限の力で、優しく足を大地において、無駄なく身体を運び、しかも非常に速やかになっていく。ある行者は、龍の背中に乗せられているような感じで歩くと表現していたが、少し分かるような気がした。

心の変化は、多岐にわたる。熊野の山奥の自然豊かな場所で回峰行をさせていただいているという感謝があり、日々やるべきことをやっているという達成感があり、よく努力しているという満足感があり、山、神仏、役行者、精霊たち、師匠を信じているという愛があり、勤行や法螺によって感謝と慈悲心を表現している喜びがあり、身体が機能している安心感があり、無駄な思考が少なくなって楽になり、心が軽やかになり、自らが清らかになるのをなにより喜び楽しんでいた。

捨身行《しゃしんぎょう》

あるとき、立石師に率いられて、何人かで川下りをした。熊野の川はとても澄んでいて、川底の石がきれいに見えるし、泳いでいる魚もよく見える。しかし真夏でも冷たいことが多く、水に入ると身が引きしまる。

楽しいだけではない。川の流れは一見ゆっくりに見えても、入ると思ったより速いことも多い。自分の泳ぐスピードよりも川の流れの方が早ければ、なかなか思ったようには移動できず、油断すると流される危険がある。

一行が川を下っていると、途中で滝の上に出た。落差七メートルほどの滝で、この日は水量が多く、下は水しぶきでよく見えなかった。立石師はこの滝の上に立つと、これから順番に下に飛び込むという。

高いところが得意ではない私はたじろいだ。正直にいえば、滝の上で流れの中に立っているだけでも落ちそうで恐ろしかった。これからここに飛び込むとは、現実とは思えなかった。

しかしそう思っているのも束の間、一人の行者が勢いよく滝壺に飛び込み、しばらくすると川下に泳ぎ着き、上にいる私たちにＯＫの合図をした。この状況を見て、半ばパニックになっている女性もいた。しかし、その女性も説得され、泣き叫びながら滝壺に落ちていった。この女性が飛び込んだ後に、私が飛び込まないという選択肢はなかった……

すぐに私の順番が回ってきてしまった。魚を見るために大きめの水中めがねをかけていた私に、立石師

は「石川さん、水中めがねを両手で押さえて飛ばないと、なくなってしまうぞ」とアドバイスした。私はうなずいて両手でめがねを抑えると、考える間もなく、「行け」の呼び声がかかった。もう仕方がない、恐怖感が体中に巡っていたが、腹を決めて、足下の岩を「えいっ」と蹴って飛んだ。

水中めがね越しに、晴れた空と山々のいい景色が一瞬見えた。その後急降下し、すぐに滝壺に着水してあぶくだらけのなかでゴボゴボと水の音が聞こえた。両手で押さえていたお陰で、水中めがねは無事外れなかった。水面に浮き上がると、皆がいる岸まで平泳ぎで泳いでいった。

終わってみればあっという間であった。恐怖を振り払って身を投げた瞬間の感覚、その時の視界、高揚した気持ちは今でも刻銘に覚えている。これもやり終えた達成感があった。

修験道では、仏を信頼して身体を投げ打つ修行を捨身行《しゃしんぎょう》という。伝統的には、他の生きもののために我が身を捧げたり（布施）、身体に火を放ったり（焼身）、水に入ったり（入水）して命を捧げる行のことである。滝に飛び込むことは、命を捧げることではないが、仏を信頼し、恐怖心を捨てて身を投じることは、象徴的な意味で捨身行の一種と捉えることができる。

この体験は、後々とても役に立っている。決断が必要なとき、恐怖や不安にとらわれても、仏と師を信頼して、岩を蹴って滝に飛び込んだように、思い切って身を投じればよいのだ、という体験学習と自信になったのである。私たちは、恐怖や不安という煩悩によって、自己保身の心によって、さまざまな可能性を自ら捨ててしまっている。捨身行の実践は、仏の教えに則ったことであれば、仏を信頼して、我が身を省みることなく、自らを捧げる心、それを実行する勇気と行動力を育むのである。

人の気配のしない行者

集団で長い道のりを歩く大峰奥駆行という修験道の修行に何度も参加されている精神科医の塚崎直樹先生という方がいらっしゃる。塚崎先生（2013）は、比叡山で回峰行者とすれ違ったときの印象を、「人間の気配が全くしなかった。動物でもなく、幽霊のようなものでもなく、限りなく透明で清純なものに感じられた」と述べておられる。実は私もこれとそっくりの体験をしている。

あるとき、休暇を取って神奈川から車を飛ばして熊野の行場にはいったときに、ちょうどある行者が回峰行から帰ってきた。その姿にハッとして目を奪われた。雨の中を無心で歩いてきたその姿は、心の動きが全く感じられず、それゆえにまぶしく神々しく輝いて見えたのである。行をして無駄な心が静まり、山で清められた姿とは、こうも美しいものかと思った。その行者は、前回熊野に来たときに同じ丸太小屋で生活していたので、気心が知れていた。そのときは、都会の生活で垢にまみれた自分と、山で垢を落として浄化された彼の姿は、対照的で印象深く、自分も再びあのような清らかな行者になりたいと思わせるのであった。

回峰行は夜明け前または日の出とともに出発するので、夏ならば朝六時には熊野古道を下って降りる。そこで早朝登山の人とすれ違うことがあるが、向こうは一瞬ぎょっとすることがある。それは日の出の時間にすでに山から下ってくることへの驚きだと思われるが、実は毎日瞑想状態で行をしていると、その姿は心の動きが止まっているので、人間離れしたギョッとするような存在感を漂わせているのかもしれない。

聖なるものに没入しているときには、はじめはその自覚がないのであるが、俗なるものにまみれているときに、聖なるものに出会うと、聖性が認識されて、ハッと息をのむのである。

勤行もお堂の中で必死でお経や真言を唱えているときには、没入していて意識状態の変容に気づいていないことが多い。しかし時間に遅れて、お堂の外から読経や法螺の音を聴くと、勤行の音はなんと美しいのか、この音は地球の大気を清めるに違いないなどと感じ入る。いつもは自分もあの中にいて一緒に唱えていることの幸福を、外から聴いてあらためて気づかされるのである。

こうして修行によって浄められると、他者が心が動いているのが手に取るように分かったり、欲にまみれたものの汚れから反射的に身を遠ざけるようになるのである。それによって、自分が聖なる世界へと近づいていることを自覚するのである。

第二章　修験道療法

セラピーとしての修験道

このような実り多い修験道修行を体験させていただいた私は、その後まとまった休みが取れるとすぐに車を飛ばして山学林に赴き、二年間で七度熊野を訪れ、修行をさせていただいた。

生まれも育ちも都会の私にとって、熊野での日々は、毎回、毎日、新しい体験の連続であった。田畑での農作業や、そこでとれたものの食事、薪割りやお茶摘みなど、田舎的な生活ももちろん新鮮である。それに加えて修行となれば、雨の日も風の日も、暑い日も寒い日も、山奥の里道や獣道を歩き、滝に入り、神仏に祈り、真言や祝詞を唱え、法螺を吹き、瞑想を繰り返す。このような生活を繰り返しているうちに、しだいに無駄なものがそぎ落とされ、自然体の心身へと変容してゆく。

身体を十分に使って生活すると、必要のないときには身体の無駄な力がすっかり抜けるようになる。身体の無駄な力がなくなると、心の無駄な力も抜けるのである。このような無駄な緊張のない心身の状態になると、解放感や幸福感が増し、いままで感じられなかった微細な世界が感じられるようになる。修行の効果は、いくら書物を読んでも、話をきいても、本当のところは自分でやってみなければ理解できないのである。

山を歩いているさなかに、日常生活の記憶や、引っかかっていた感情や、蓄積された疲れ、深層レベルに埋もれた感情などが浮上してくることがある。それでも変わりなく脚を運んで歩いて行くうちに、これらの心の形成物——記憶・思考・感情——は現れては変容し、いつしか消滅していった。これは心の無常ということであって、浄化のプロセスそのものである。

これは私だけに起きたことでない。山のなかで寝食を共にする人々と語り合うことによって、各々の体験は千差万別ながら、大自然と神仏に抱かれつつ、それぞれの癒しと成長のプロセスが進行しているのを目の当たりにした。人生の岐路に立って悩んでいる人や、心の病を抱えている人が、毎日修行することによって、少しずつたくましくなっていく様子を目撃したのである。

私は山ではひとりの軟弱な行者に過ぎないが、世俗の世界では、現役の心理療法家であり、臨床心理学を専門とする学者という役割を担っている。このような役割は、私のもつ仮面（ペルソナ）の一つに過ぎないが、そのような専門家としての視点から修験道の行場で起きていることを見たときに、修験道が多くの人にさまざまな好ましい心理的変容をもたらすホリスティック（全人的）なセラピーでもあることを発見し、その確かな効果を疑うことはできなくなった。

修験道の研究は、民俗学的・宗教学的な立場からすでに数多くなされているが、心理学的な研究は私の知る限り皆無である。本章では、自らの修行体験からみえてきた、優れた心理療法あるいはセラピーとしての修験道の一断面を、臨床心理学的な立場から考察してみたいと思う。

もちろん、修験道は修行であって、心理療法やセラピーの枠に収まるものではないことは十分承知している。しかし、あえて方法論的に修験道をセラピーとしてみることによって、現代人に分かりやすい形で修験道修行の効果や、心理的プロセスを明らかにできるのではないかと思われる。つまり、修験道療法の提唱である。

一人称的・実存的アプローチ

そして、この試みは、修験道を文献だけで研究したり、観察者として外から客観的に観察するのではなく、実際に自ら修行をする内的な体験をもとに、療法《セラピー》としての修験道の可能性を探ろうとすることに大きな特徴と意義がある。心理療法と同様に、修行の体験は、文献やデータだけではその実像は見えてこない。現場に入ってプレーヤーとして参加して、そこでの一人称的な主観的経験を抜きにその本質に接近することとは不可能なのである。

現在の心理学は、三人称的なデータが偏重される傾向があるが、私自身は、こうした客観科学だけでは満足できずに、ずっと自らの素足感覚を大切にして探求してきた。心理学においても、心を本当によく知るためには、一人称的・実存的アプローチが欠かせない。

このようにして、修験道のアクチュアルな体験をもとにその本質を探ろうとするのであるが、いうまでもなく私が体験したのは、修験道の一行者の指導の下で、回峰行を中心に体験したものに限定されている。

実際には、日本の数多くの山々に歴史ある修験道が展開されていて、さまざまな修行が行われている。そのため、本書の修験道体験は、修験道全般を網羅するようなものではなく、偏りや限界が生じることは避けられない。そのことをご理解いただいた上で、修験道修行の心理の一研究としてお読みいただければと思う。ここで不足する部分は、他の修験道の書物を読んだり、実際に修行に参加していただき、各々補っていただければと思う。

セラピーの二種

セラピーとしての修験道の効果を探る際に、話を整理するために、心理療法およびセラピーを次のような二種に分類しておきたい。

第一は、狭義の心理療法で、精神症状をともなう心の病や偏ったパーソナリティの治療や改善、環境への不適応者を適応させることを目的とするものである。

心理療法はもともと、このように精神的な症状を治療するために開発された方法である。フロイトが二十世紀末に創始した精神分析も、神経症症状を取り除くことが目的であった。ところが、普遍的無意識を提唱したユング（1961）は、一治療においては問題はつねに全人的なものにかかわっており、決して症状だけが問題になるのではない」とし、心理療法が単に症状を消し去ることだけを目的にするものではなく、必然的に個性化にかかわることになる深遠な仕事であることを示した。これに続いて人間性心理学やトランスパーソナル心理学が誕生すると、この流れに属する心理療法においては、症状の治療や、外的環境への適応だけを目標とせず、より本質的な心、人間性、実存、魂の成長を重視するものが数多くあらわれた。今日でも、どの治療法がどのような症状の除去に効果があるかというエビデンスが諸学会で重宝され、症状の治癒以上を考えようとしない心理療法家や研究者も少なくない。このような症状の治癒や、外的適応のみを目的とするものをここでは狭義の心理療法と呼ぶことにする。

第二は、ホリスティックセラピーである。ホリスティックとは、全体的という意味であり、通常は、心、体、魂という人間の全体性をさしている。ここでは、ホリスティックセラピーを、人間の全体性の癒やしや成長、自己実現や個性化、実存や人間性、魂や霊性の問題に関わろうとする対人援助全般を指すことにする。

ホリスティックセラピーには、さまざまな相補代替医療（CAM）が含まれる。相補代替医療とは、英語でComplementary & Alternative Medicineといい、頭文字を取ってCAM（カム）と呼ばれることも多い。CAM（カム）は、西洋医学に代わる代替療法（Alternative Therapy）や、西洋医学と組み合わせて補完する補完療法（Complementary Therapy）のことを意味している。CAM（カム）には中国伝統医学やアーユルヴェーダのような体系的な伝承医学から、シュタイナー医学やカイロプラクティックのような独自の医学大系をもつもの、さらに多種多様な民間療法、ボディーワーク、心身相関技法、食事療法等々、非常に多くのものが含まれいる。

相補代替医療（CAM）は多様でありながら、ひとりひとりの個性を重視すること、ホリスティックな人間理解、バランスや生活全体の重視、霊性（スピリチュアリティ）の尊重、未病への対応（予防の重視）、延命よりもQOL（生活の質）を重視する、などの有益な特徴がしばしば共通項としてみられる。一方で、効果や安全性についての検証が十分でないものもあり、今後の課題とされている。

欧米では、患者の選択肢として西洋医学に加えて相補代替医療（CAM）が提供される統合医療（Integrative Medecine）が進んでいるが、日本は鎖国状態といってよいほど統合医療は実現されていない。ホリスティックセラピーには、トランスパーソナル・セラピーも含まれる。個を確立した後に、個を超えていき、悟りへと向かっていくトランスパーソナルな過程をサポートするセラピーのことである。わが国ではほとんど理解されていないが、人間の苦しみを根源から取り除くためには、欠かせない領域であり、究極的な悟りという目的を掲げていることは霊性修行と同じくしている。

私が提唱しているスピリット・センタード・セラピーという心理療法（の根本原理）も、トランスパーソナル・セラピーであるといえる（石川、2014）。

このように、その目的や対象に応じて、心理療法やセラピーを、狭義の心理療法と、ホリスティックセラピー（相補代替医療やトランスパーソナル・セラピーを含む）の二種にここでは分類する。ただし、この区分けは便宜的なものであって、互いに浸透しあっているものであることに留意していただきたいと思う。

狭義の心理療法としての修験道

修験道は、究極の悟りを目的とする、個を超えた、トランスパーソナルな成長を促す修行法であるが、それ以前の、個を確立するまでの段階、すなわちプレパーソナルやパーソナル段階の治癒効果や成長促進効果もあるように思われる。修行場には、人生に悩みがあって自己を見つめ直すために来る人や、心の病にかかった人たちもやってくる。そのような人が山で生活を送りながら、紆余曲折を経て、心身ともに逞しく、健康になっていく様子を観察することができた。

このような、一般的な意味での心の病的傾向を癒やし、健康を増進する効果を、狭義の心理療法的効果と呼び、それについてこれから述べてみたいと思う。一部に仏教的な視点も取り入れながらの考察としたい。

恐怖症（瞋恚《しんに》）と強迫症的傾向（貪欲《とんよく》、見《けん》）の克服

修験道の実践は、恐怖症的傾向や、強迫症的傾向を治めるのに効果があると思われる。

恐怖症とは、たとえば高いところが怖い（高所恐怖）、狭い場所が怖い（閉所恐怖）、犬、猫、蛇などが怖い（動物恐怖）、蝶、毛虫、蜘蛛などが怖い（虫恐怖）、尖ったものが怖い（尖端恐怖）、揺れるものが怖い（振り子恐怖）、暗いところが怖い（暗闇恐怖）、水が怖い（水恐怖）など、特定の対象や状況に対する恐怖感が、実際の危険性とは不釣り合いに高いことをいう。人が恐ろしいという対人恐怖も、恐怖症の一つとみることもできる。仏教的にいうと、恐怖症は主として瞋恚《しんに》（dosa：対象を拒絶して怒ったり恐れたりすること）という煩悩による病である。

強迫症とは、「意識から振り払おうとしても消すことの出来ない不合理な考え、衝動、イメージ」をもつこと（強迫観念）や、「強迫観念を打ち消すための儀式的・反復的行為」（強迫行為）をもつ心の病である。たとえば、埃で汚れた手を石けんで十分に洗っても、まだ汚れていると感じて、長い時間手を洗ってしまうなどという場合が強迫症である。細かいことにこだわりが強かったり、決まった手順やものに固執したり、潔癖症などは、強迫傾向があるという。仏教的にいうと、強迫症は主として、貪欲《とんよく》（dosa：貪ること。この場合は自分の観念への強い執着）や見《けん》（diṭṭhi：誤った確信や考え）という煩悩による病であるといえる。

山の修行では、恐怖心が喚起されるような危険な高所を歩くことがある。捨身行のような、滝に飛び込むという行もある。滝壺の安全性は確認してあるとはいっても、どうどうと流れ込む水とともに滝壺に身を投げるには、やはり勇気を必要とする。ある女性は、水の事故によるトラウマがあり、この行に強い抵抗を示したが、意を決して滝に飛び込み、結果として水への恐怖心を乗り越えることができた。行動療法の暴露療法（恐怖を抱く対象にさらすことによって恐怖を克服させる心理療法）のごとくであり、日本独自の心理療法として有名な森田療法でいう「恐怖突入」（恐ろしい場面に突入し、その間の心の動きをよく観察する）にも相当する。

私たちは、安全な環境にいるときには、理想的なことを口にできても、自分の安全や利害が脅かされそうになると、途端に恐れが心を支配して、不合理な観念にしがみついたりして、臆病者になってしまうことがある。神仏への「信」を確立し、恐怖心を乗りこえ、疑いとこだわりを捨てて身を委ねる山の修行は、このような煩悩に基づく病的傾向や臆病さを克服するのに役立つ。

山の夜は、都会とは異なり、暗闇が支配する。小屋やテントに寝泊まりする時には、もし明かりを忘れたら、真暗闇で夜は寝床に戻ることもできない。冬は氷点下になり、隙間風の入る古い木造家屋はめっぽう寒い。勤行時はお堂の戸を開けて行うので、寒さとともに真言を唱え、瞑想する。風呂を沸かすにも薪を燃やす必要があり、ボタンひとつとはいかない。暖かい季節になれば、多くの動物や虫たちとの共存を余儀なくされる。特に雨の後は生きものが活発に活動するので、山中では獣にも出会うし、足下は蛙、蛇、ミミズなどを踏まないように注意が必要だ。夏の狭い山道では、毎朝新しい蜘蛛の巣が張られているので、足下だけではなく、上方も気が抜けない。激しい雨の日には、レインウェアを着ても全身びしょ濡れになり、泥にまみれる。夏のお護摩で、火の前に座ってお経を唱え続ければ、座布団がぐっしょりするほどに汗をかく。一人で歩く回峰行は、自然のなかで孤独になることにより、自己、自然、神としっかり向き合う機会が与えられる。歩き続けることによって、自分の理屈や感情、恐れにとらわれている暇がなくなり、心が洗い流されていく。

このように、やや荒治療ではあるが、山の修行生活は、高所、暗闇、虫や動物、寒暑と直面するので、これらを忌避する恐怖症的傾向、強迫症的傾向、あるいは潔癖的な性向は改善する効果があるだろう。それればかりか、ひとつひとつの考えや感情にこだわっている癖がよわくなり、あらゆる悩みが次第次第に落とされていくのである。

身体症状症や病気不安症（瞋恚、慢）の克服

身体症状症とは、身体に不快な症状があり、その症状を実際以上に深刻に考え、強い不安を感じ、その恐れのために生活が円滑でなくなったり、治療のために過度の時間や労力を費やしてしまう病気のことである。

身体の症状がまったくないか、わずかしかないにもかかわらず、同様に身体の状態を過剰に心配してとらわれる場合は病気不安症という。以前は心気症とよばれていた心の病である。

身体症状症や病気不安症の傾向を持つ人にも、修験道の修行はその克服に役立つだろう。仏教的にいうと、これらの病は、主として瞋恚《しんに》（dosa：怒りや拒絶。思い通りにならない身体への怒り）や慢《まん》（māna：自分にこだわる自意識過剰な心）という煩悩から生じているといえる。

山の修行生活は不便で、体力を必要とするため、都会の人間は、慣れるまでは疲労、筋肉痛、怪我などの体調不良を経験する。断食行を行えば、空腹や、それにともなう身体の異変を経験する。こうした身体の不調と共存しながら、気力を充実させて行に取り組む工夫が必要になってくる。

大峰山で毎日四十八キロの山道を休みなく千日間歩き通すという信じがたい荒行（千日回峰行）を満行した塩沼亮潤氏（2007）は次のように語っている。「行者にとっては調子がいいか悪いかじゃなくて、調子が悪いか最悪か、常にそういう瀬戸際で行じてまいりますので、よほど精神的にも肉体的にもかなり強いものがなければならないと思うんです」。塩沼氏ほどの究極の荒行でなくとも、山で一定の修行をやり通す

ことによって、自らの身心の不調に過剰にとらわれてしまう身体症状症や病気不安症の傾向は、修行するなかで改善されていくだろう。修行の過程で、何度か身心の限界に突き当たり、それを突破することで、身心へのこだわりを手放す体験をするからである。身体の不調に必要以上に囚われることは、貪欲（lobha：貪り）という煩悩である。都会の便利な生活に慣れきってしまうと、身体は弱体化し、心は満足することを忘れ、エゴが肥大化して過剰な欲求が生じることになりやすい。その結果、便利で快適な環境のはずなのにかえって心が満たされず、ストレスが増大するというパラドックスが多くの人に生じている。

つまり、便利さの中に溺れてしまうと、欲は増大し、心は乱れ、苦しみは増すのである。反対に、山の中の不便な環境に身をおいて、身体をよく使う生活を送ることによって、身体が鍛えられるだけではなく、身体的欲求が統御され、心のエゴイズムも漸減して、野生の身心が育てられ、結果として苦しみが減り、心は安らかになるのである。

不安や恐怖を特徴とするパーソナリティ障害・ひきこもり・怠惰傾向（貪欲、瞋恚、今人、見）の克服

パーソナリティ障害（人格障害）とは、偏った性格のために、自分自身が苦しむか、周囲の人が害されるものであり、いずれにしても日常生活に支障がでているような性格のことである。米国精神医学会の診断基準（DSM-5）では、パーソナリティ障害はその性質によって三群に分類されているが、そのうち不安や恐

怖を主な特徴とするC群に属する三つの障害に、修験道療法は効果を発揮する可能性が高いと思われる。

C群に属する障害の第一は、他人に否定されることを極度に恐れ、引っ込み思案になる回避性パーソナリティ障害であり、仏教的にいうと、主として貪欲《とんよく》（dosa：貪ること。他人に受け入れられることへの強い執着）、瞋恚《しんに》（dosa：怒りや拒絶。自分が拒否されることへの強い恐怖）、惛沈《こんじん》（thīna：やる気喪失。エネルギーの枯渇）という煩悩から生じている。

C群の第二は、人に面倒を見てもらいたいと願い、従属的でしがみつく依存性パーソナリティ障害であり、仏教的にいうと、主として貪欲《とんよく》（dosa：貪ること。他人に支えてもらうことへの強い執着）、瞋恚《しんに》（dosa：怒り。他人に見放されることへの強い恐怖）、惛沈《こんじん》（thīna：やる気喪失。エネルギーの枯渇）という煩悩から生じている。

C群の第三は、完全主義で几帳面のため、柔軟性、開放性、効率性が欠落する強迫性パーソナリティ障害であり、仏教的にいうと、主として貪欲《とんよく》（dosa：貪ること。この場合は自分の観念への強い執着）や見《けん》（diṭṭhi：誤った確信や考え）という煩悩から生じているといえる。

今日のわが国では、長期間自宅にひきこもって社会参加をしないいわゆる「社会的なひきこもり」と呼ばれる状態にある人が、百万人近くいるのではないかといわれている。ひきこもりの人の性格は多様であり、一概にいえることは少ないが、C群のパーソナリティ障害の傾向が見られる人も少なくない。

山で滑って転んだり、木の根に躓いて倒れれば、それは誰のせいでもなく、自分に責任がある。山では「段差があった」「注意書きがなかった」などというクレームは誰も受け付けない。行道にはもちろん安全柵はない。ロープにつかまってよじ登るときに、ロープが切れても自分が悪い。山の修行は、自己責任の世界である。注意力がなければ怪我をする。屈強な身体の持ち主であっても、歩き方が悪ければ転ぶし、足も痛める。山ではわがままな自己主張は通用しない。そして誰も助けてはくれない。自己中心的で依存的な人は、鏡となってわがままさが痛みとしてはね返ってくる。

修行生活においては、自主自立、自己責任の姿勢で、自分で判断して、自分で覚えていかなければならないことが多い。そもそも、修行は誰かに頼まれたり、強制されるものではない。修行の価値を理解でき、修行に挑戦できる身体、時間、お金に恵まれ、自ら志願して「させていただく」ことのできる人は贅沢な境遇である。

山で起こることは、良いことも悪いことも、すべて教材である。したがって、自ら志願して山で修行すれば、最近若い世代に増加している他人に責任を転嫁しがちな新型うつ病、他人に頼りすぎる依存的パーソナリティ障害、成功が保証されない場面に行くことを避ける回避性パーソナリティ障害の傾向などは、自らの偏った性格を自覚し、改善するよい機会になるだろう。

修行生活はつねに共同生活でもあるので、引きこもることは物理的に不可能である。諸々の作務を協力して行うことになる。山の修行は、引きこもり傾向を半強制的に改善するだけでなく、便利な生活で怠惰になった心の改善も期待できるだろう。

山のなかで修行生活を送れば、不要な体重が減るだけでなく、不要な心も落とされ、身心が軽く自然体になっていく。諸々の神経症的傾向も弱められるはずだ。それはしばしば痛みを伴う過程であり、必ずしも容易なものではない。しかし、不要なものが削り取られ、必要なことを身体を動かして行動する習慣がつくことによって得られる自立心、解放感、安心感などと比べれば、進んで受けるに値する痛みではないかと思われる。

誤った生活習慣の立て直し

二十四時間明かりの消えない都会生活では、生活習慣が乱れ、身心の調子が乱れやすい。不適切な生活習慣や食習慣は、身心に悪影響を与えることが指摘されているにもかかわらず、自力で悪習慣を変えることに困難を覚える人は多い。

山学林での生活は、朝夕に勤行があり、早寝早起きの規則正しい生活になる。空気は澄み、湧き水を飲み、自分たちで作った米や野菜をいただく。このような環境のなかで過ごす日々は、生活習慣病の予防や治療になることは容易に予想できる。

以上、狭義の心理療法としての修験道療法の可能性について概観してきた。さまざまな心の問題に、修験道療法の効果は大きいが、最大の課題は、このような心の問題を持つ人が、自ら修行するという決心をして、逃げ出さずに実行できるかということである。

ホリスティックセラピーとしての修験道

次に、補完代替医療・ホリスティックセラピーとして修験道を眺めてみたい。修験道の修行には、以下のように、さまざまなセラピーの要素が豊かに内包されているのである。

命の大家族による恩恵：森林セラピー・アロマセラピー・野草療法・アニマルセラピー

森林セラピーとは、森林浴が健康やストレス改善によいという科学的研究をもとに提唱された概念である。森林療法の研究によれば、草木から発せられる数百種類の香りの物質フィトンチッド（揮発性芳香物質）によって、副交感神経の働きを促進するリラックス効果、鎮静作用、脳波のα波増加、血圧低下、集中力の増加、眠気醒まし等の効果があるという。さらに、森林浴によって五感が快適な刺激で満たされ、ストレスホルモンコルチゾールの減少、ナチュラルキラー細胞活性化による免疫力向上などの効果も報告されている（降矢、2005）。

修験道の修行中は山に籠もるので、ずっと森林に囲まれている。テントやぼろ家で寝泊まりするような場合は、二十四時間、森林療法の状態にあるといってよい。

アロマセラピー（芳香療法）はよく知られるようになったが、植物から抽出した精油（エッセンシャルオイル）の香りによって、リラクセーションや心身の健康増進に役立つとされるものである。

エドワード・バッチが開発したフラワーエッセンス療法は、花から水と太陽光または煮沸によって抽出したレメディと呼ばれる液体を用いて、さまざまなネガティブな感情を癒すとされている。

山は、土壌や草木、花などさまざまに混合された四季折々の自然の香りに包まれており、そこを歩けば呼吸が深まり、これらの香りを呼吸器の深くまで循環させる。つまり、天然の芳香療法（アロマセラピー）の効果があると思われる。精油やレメディを抽出はしないが、花や野草の醸し出す心地よい空間を歩くので、感情的にも安らぎが得られ、アロマセラピーやフラワーエッセンスのような野草療法に近い効果があるかもしれない。

アニマルセラピー（動物介在活動・療法・教育）も次第に知られるようになってきている。医療、福祉、教育の現場でも導入されることが増えつつあるだけでなく、各家庭でペットを飼うことによって心の癒やしを得ている。動物とのふれあいによって、心理的健康を増進するだけではなく、生理的、社会的な好ましい効果も確認されている。

アニマルセラピーで用いられる動物は、犬、馬、イルカなどが有名であるが、山を歩けば、私が出会って判別できたものだけでも、鳥、魚、犬、鹿、狸、猿、猪、熊、リス、蛇、蛙、ミミズ、蜘蛛、さまざまな昆虫、微生物など、本当に多様な生きものたちに出会う。彼らからはアニマルセラピーのごとき励ましを得る。勤行が終わるとタイミングよく吠える野良犬がいたりする。

山は豊かな命の大家族である。これらから癒やしを得ようという自己中心的な「セラピー」の意識ではなく、彼らの命に敬意を持ち、「お邪魔します」と頭を下げて山に入り、ひとつひとつの命に慈しみの念を持つことが、結局、自らの心が清らかになり、結果として健康増進につながると思われる。

ブリージング・ヴォイスセラピー・ヴィパッサナー瞑想

険しい山を歩けば、自然と呼吸は深くなるが、行者の足はそれによって止まらない。厳しい登りで苦しいときにこそ、「懺悔《さんげ》、懺悔《さんげ》、六根清浄《ろっこんしょうじょう》」と繰り返し山念仏《やまねんぶつ》を唱えることもある。こうして、呼吸を感じ、深い呼吸を続けて山を歩くことによって、意識も変容する。天然のブリージング・セラピー（呼吸法、プラーナーヤーマ）である。

気づき（パーリ語でサティ Sati、英語ではマインドフルネス Mindfulness）の意識を保ちながら、山や神仏に向けて法螺貝を吹いたり、読経したり真言を唱えることは、音の響きや呼吸に敏感になり、音や声を出すときの呼吸筋や背骨の位置などの身体感覚や、身体の内外を流れる気（サトルエネルギー）への感覚が鋭敏になる。これはヴォイスセラピーそのものであるといえる。

修験道は、山を歩いたり滝に入ったり勤行をするだけではなく、さまざまな日常的な作業を作務《さむ》（内界と外界に気づきを保ちつつ行う修行）として行う。山を歩くのは、ハイキングとは異なり、歩行禅ともいわれるように、やはり気づきを保ちながら、妄想せず（考え事をせず）、意識を集中して歩く。つまり、正しい意識で修験道の生活を送るならば、作業療法、運動療法、ヴィパッサナー瞑想を含んでいるといってよい。

音楽療法は、病気の治療や健康増進のために、医療、福祉、教育の領域で少しずつ普及が進み、二〇〇一年に日本音楽療法学会が設立されるなど、研究も進んでいる。特に、高齢者、リハビリ、発達障害、精神科領域、ホスピス緩和ケアなどの現場で実績を上げ、心身の障害の軽減回復、機能の維持改善、生活の質（QOL）の向上、問題行動の変容などに有効であるという研究が積み重ねられている。

修験道では、音楽だけを取り出すのではなく、自然の音、人が出す音、光、香り等の総合的な調和がしばしば感じられる。

たとえば護摩の時には、中心にごうごうと大きな炎が立ち上り、その煙やお香の煙が周囲に立ちこめる。背景には、近くを流れるせせらぎの音、風や葉音、鳥や動物の鳴き声などが交錯する。そこに法螺、読経、祝詞、真言が捧げられ、リズムをとるように錫杖《しゃくじょう》、鐘、太鼓などが打ち鳴らされる。祈りの心から出される声や音、地水火風の諸要素が調和した、自然の音楽療法ともいえるだろう。

護摩の時には、それぞれの願いを記した護摩木を火にくべて、願いを叶えようとする。これは願望実現法のひとつのルーツでもある。願望実現は、本来の仏教とは相容れないものであるが、先に述べたように、修験道は平安時代に密教の呪術的な教義を取り込み、鎌倉時代には民間信仰を取り入れることによって世俗的願望に対応し、それが民衆の支持を得ることにつながったのである。今も昔も、修行や真理に本格的な関心を抱く庶民というのは滅多にいないので、こうした願望実現の呪術をとりいれることによって世俗との接点をもち、修験者の生活や寺院の維持がなされたのではないかと考えられる。

勤行では、先にも一部紹介したように、数々の神・仏・明王・眷属の御名を唱え、御真言を捧げる。その時、行者はただ機械的に声を上げて唱えているのではない。その対象をイメージして、はっきりと諸処霊に意識を向けて供養しているだ。つまり勤行はイメージ療法でもある。それに没頭すれば、変性意識状態で音とビジョンを扱っているので、催眠療法のような状態でもある。

瞑想・ヒーリング

力強い法螺や読経があるかと思えば、瞑想の時間もあり、修験の行はいつも動と静が背中あわせである。この修行によって、心身の動と静の切り替えが鍛えられる。さらに、素早く歩き、激しい滝に入る「動」のただ中でも、「静」の瞑想意識が同居できるようになるのである。

滝にはさまざまな入り方があるが、滝行の基本は、水の中での瞑想である。ただ入るだけではなく、身心を浄め、龍神などに挨拶をして、滝に入らせていただく。

激しい水流の中に入ったらできるだけ身体の力を抜き、心を鎮め、瞑想状態になって水の音に耳を傾け、あるいは全身の感覚を感じる。すると、水の流れと一体化したような状態になり、安穏の境地に入る。

滝を出ると、身心がスカッと爽快になり、軽やかになる。天然のヒーリングである。

ヒーリングとは、瞑想的意識で慈悲の念（善なる意図）をもって手をかざすことにより、サトル・エネルギー（いわゆる「気」のこと）を動かす方法である。中国では、外気功治療として知られ、日本では臼井甕《うすいみか》男《お》がはじめた霊気《レイキ》や、宗教団体の手かざしや浄霊などが一種のヒーリングとして知られている。欧米諸国では、ヒーリングによって、リラクセーション、疼痛の軽減、治癒の促進、心身相関症状の緩和が起こることが学問的に確かめれており、医療、看護、福祉、教育の場で浸透している。特に、セラピューティックタッチやヒーリングタッチとよばれるヒーリングは世界的な普及がみられる。

私は、このようなヒーリングの臨床実践を行っており、自分自身も何度も受けた経験があるが、自然の滝によるヒーリング効果にはなかなかかなわないと感じている。

絶食療法・カウンセリング

あらゆる宗教には断食の習慣がみられるが、その医学的効果に注目して、宗教を切り落として、絶食療法を行っている病院もある。一定期間、食を断つことによって、消化器系、心臓・血管系、神経系などの活性化を促し、さまざまな疾病の改善や健康増進をはかる治療法である。最近では、ダイエットのために断食を試みる人もいて、そのための道場もある。ただし、胃腸に病気がある人や、やり方を誤ると、最悪の場合死に至ることもあるので注意が必要である。

修験道の行者でも、断食行を行う人は多い。先述の塩沼氏が行った四無行は、断食に加えて、不飲、不眠、不臥を九日間行うという過酷なものである。あるいは、これも先述の弾誓《たんぜい》上人は、五穀《ごこく》を口にすることを断ち、木の実や芽だけを食べて暮らして修行していた。完全な断食ではないが、動物の殺生を避け、食への執着を断つという、一種の断食行であると思う。

私は山学林で、三日間の断食を二度経験させていただいた。身体のさまざまな変化を観察することができた。不思議と空腹感に悩まされることはなかったが、眠気、悪心、痛み、身体に力が入らないなどの症状が現れた。

しかし、断食療法の第一人者である甲田光雄医師（1980）の著書『断食・小食健康法：宗教医学一体論』や、僧侶の野口法蔵氏（2009）の『断食座禅のススメ』を読んでいたので、身体で起きていることを科学的な説明によって適確に理解することができ、焦ることはなかった。適切な知識があると、新しい体験をしても冷静に受けとめることができる。三日間の断食後に、梅湯とわずかな生野菜（キュウリ、大根、ニンジン）をいただくと、それだけで最高のご馳走に思えるのが印象的であった。

断食中は、毎日約三十分の瞑想を八回と、朝夕二回の勤行に参加した。断食行は、健康のために行う絶食療法とは異なり、瞑想と組み合わせるのがよい。断食によって、瞑想中に強烈な眠気や悪心に襲われる時期もあり、そのときの瞑想は苦しかったが、その時期を通過すると驚くほど心が静まり、食欲も湧かず、心地よい瞑想に没入できることが多くなった。

瞑想意識の余韻を残しながらふわふわとお堂を出ると、みなで食事をしている立石行者が「おお、石川さん、ごくろうさん」と声をかけてくれて、我に返る感じがした。このとき丁度、プロの中華料理の料理人が、お布施として料理を振る舞っていて、皆喜んで夕食を食べていたのだが、横に座って話をしても、まったく心が動かず、唾液も出ず、平静で安定していたのを自分でも驚いてみていた。身体的欲求を満たす喜びよりも、瞑想によって欲から解放された喜びの方が勝っていたのである。

個人的経験からしても、断食と瞑想はとても相性がよい。断食をすることによって通常よりも深い変性意識状態への移行が容易になると思われる。もちろん、食事をしても瞑想は可能だが、三食満腹まで食べたら、深い瞑想は不可能である。

断食中だけではなく、行の合間には、師匠が随時声をかけてくれ、対話することができる。はじめての修行では、誰でも失敗したり間違えたり、戸惑うことが少なくない。そのようなときに、豊富な経験に基づいて、何が起きているのかを見抜き、相手の理解力に応じたアドバイスや、話をきかせてくれる。これによって、不安な心が支えられ、さらにやる気を増すことできる。師匠との対話は、修験道における待機説法であり、短時間であっても重要なカウンセリングのような役割を果たしている。

作業療法・集団療法・遊戯療法など

山の生活は、同じ釜の飯を食べ、寝食を共にする共同生活であり、作業療法あるいは集団療法でもある。さまざまな思いをもって山にやってきた人たちであるので、深い交流が生じることも多い。私も熊野の山で多くの素晴らしい人たちと出会い、胸に刻まれるような数々の対話ができたことは、貴重な財産となった。修験道修行は、自然と生じるエンカウンター・グループのような、人間的交流を受け入れる器の機能も果たしている。

修験の行は、真剣である一方で、山での真剣な大人の遊びでもある。獣道を歩き、滝に入り、法螺を吹き、洞窟に籠もり、護摩を焚くなど、遊び心がなければ思いつくものではない。山で目一杯遊び、自然を楽しむ生活である。周囲には身体を癒してくれる温泉も多い。修験道は、遊戯療法や温泉療法も包含している。

セラピーの総和を超えて

このように修験道には、各種セラピーの要素を豊かに見いだすことができる。まとめて列挙すれば、修験道には、瞑想法、森林療法、アロマセラピー、アニマルセラピー、呼吸法、ヴォイスセラピー、音楽療法、ヒーリング、気功法、イメージ療法、カウンセリング、運動療法、集団療法（エンカウンター・グループ）、作業療法、催眠療法、願望実現法、絶食療法、温泉療法、遊戯療法、……、＋α、の要素が含まれているということになる。

修験道の引き出しの豊かさは驚くに値するが、これらが一つに統合されていることによって、プラスαがあるということが、さらに重要である。ゲシュタルト心理学が「全体は部分の総和以上」というように、修験道セラピーはこれらのセラピー的要素の総和を超えている。逆にいえば、セラピーとは、人間の健康や治癒を促す雑多なものから、特定のものだけを抽出し、その効果を特化したものであるともいえる。抽出と特化によって、分かりやすく強力になる部分もあるが、失われているものも多い。

修験道の修行のひとつひとつは、どれも独立したセラピーとなるほどの奥行きがある。たとえば、勤行、真言（マントラ）、回峰行（巡礼）、法螺貝、滝行など、単独でもそれぞれ○○セラピーとしての呼ぶだけの価値が認められる。

心理療法と修験道の比較

心理療法の治療構造

次に、セラピーの構造という視点から、心理療法と修験道の比較を試みることにする。やや専門的な話になるので、関心のない方は飛ばしていただいても構わないが、平易に書いたので、専門外の方でも理解していただけると思う（飛ばす方は79ページの第三章へどうぞ）。

近代心理療法を創始したのはジークムント・フロイトである。フロイトが精神分析と命名したはじめての近代的な心理療法が誕生した背景には、自由連想法、局所論（意識・前意識・無意識の理論）、構造論（エス・自我・超自我の理論）、古典的発達論（エディプスコンプレックスなど）と呼ばれる有名な学説によるところが多いと考えられている。

しかし、心理療法の成立のために欠かせないもっとも重要な要素は、一般には注目されることが少ないが、このような理論ではなく、治療構造の設定ではないだろうか。治療構造とは、患者と心理面接を行う際の外的枠組みのことであり、具体的には面接の場所、時間、料金、キャンセル等の規定、守秘義務などの約束事を合意する契約である。決められた治療の場所と時間以外では一切患者と関わらないという心理療法のよく知られたルールも、フロイトが決めた重要な治療構造に含まれる。

このような心理療法の治療構造は、自然な人間関係と比較すれば、かなり人工的で不自然な関係性を治療者と患者の間にもたらすものである。しかし、このような不自然だが堅固な外的枠組みを形成することによって、整理のつかない未分化な感情を吐露したとしても安全だという感覚を患者と治療者の双方へ与えることができた。さらに、治療構造内において、治療への抵抗や治療者への感情転移（父や母など、過去の重要な他者に向けていた感情を、治療者に向けること。たとえば、父を憎んでいた人は、治療者に敵意を向けることが多い）が生じ、その背後に隠されていた無意識的な欲望や感情が、はっきりと観察しやすい形で浮上させることにも成功し、精神分析を一層発展させた。自然な人間関係のなかでは、あまりにも多くの不確定な要素が複雑に絡まり合いながら混在しているので、心の動きを適確に観察することが困難であったのに対し、治療構造の設定によって無意識の過程を高い純度で抽出することに成功したのである。

フロイトが発明した治療構造という知恵は、丁度自然界に存在する物質を分析する際に、実験室に持ち込んで不純物を取り除き、パレットにのせて顕微鏡で観察するのと類似した方法である。もともと生物学を修めていたフロイトらしい自然科学的な発想ともいえるし、近代西洋特有の要素還元的な分析的思考の産物であるともいえる。治療構造が近代心理療法の欠かせない契機であったということは、心理療法とはすぐれて近代西洋的な思想の上で展開される営みであるということである。治療構造の設定は、限定することによって無意識を解放するという、逆説的《パラドキシカル》な臨床的な知恵なのである。

修験道の治療構造

一方、修験道をセラピーとして見た場合に、治療構造に相当するものはあるだろうか。ここでは治療構造のなかでも特に重要な、場所と時間について検討してみたい。

心理療法ではひとつの狭い面接室を決めて、こころを自由に表現しても安全に守られる器と定めるのに対して、修験道では、山、川、滝、岩、洞窟、お堂、宿泊所などすべてが修行の器となる。修行するものにとって山とは、単に物理的に大地が隆起した場所を指すのではなく、神仏の住まう聖地であり、さらに神そのものと捉える。

宗教学者の宮家（2001）によると、修験道を含む日本の民俗宗教では、山岳はしばしば次の三種の意味で捉えられてきたという。第一に、山岳は死霊や祖霊の住む場所として、第二に、山岳はこの世とあの世の境界であり他界への通路として、第三は、山岳は宇宙そのもの、すなわち宇宙山（cosmic mountain）として存在している。修験道もこれと同様の見方をし、山岳は宇宙を体現した山界曼荼羅《まんだら》などと表現される。

つまり、修験道の治療構造をなす場所は、客観的には行者が修行する数十キロの山道や洞窟、滝、お堂等であるが、それらを包摂する山岳は、宇宙そのものを象徴しているということになる。宇宙は無味乾燥な物理空間ではなく、聖なる場所であり、神それ自体である。修験道の行者は、壁も天井もない、山岳という広大無辺な宇宙空間において、神仏のご加護と治療を受けるということなのである。

曼荼羅には多様な仏が描かれているように、修験の山岳も、足を踏み入れれば場所ごとに異なる個性を感じ取ることができる。たとえば、吉野は金剛界曼荼羅であるのに対して、熊野は胎蔵界曼荼羅と位置づけられ、熊野の山は仏の胎内とされる。仏教民俗学者の五来重（2004）は、「熊野は謎の国、神秘の国である。（中略）海と山と温泉の観光地なら、日本中どこにでもある。しかし熊野にはほかのどこにもない何かがある。南紀のあの明るい風光の奥にはこの世とは次元のちがう、暗い神秘がのぞいている。（中略）この山は信仰のある者のほかは、近づくことをこばみつづけてきた。山はこの秘境にはいる資格があるかどうかをためす試練の山であった」と評している。世界遺産となった今でも、熊野には地元の人さえ知らぬ森、洞窟、滝、聖地が多数あり、許された修験者だけがそこに分け入ることができる。熊野の山々は、有形無形の諸々の生命の濃密な臨在感が強力に感じられる場所である。およそ十キロの山学林の行道も、歩くにつれて刻々と場の雰囲気が変化するのを体感できる。

次に時間である。心理療法では、決められた曜日と時刻から一時間くらいを面接の時間と設定すると、それ以外の時間帯に患者と会ったり会話することは、緊急の場合や遅刻の場合の延長も含めて、一切認めない。これはフロイトが患者の求めに応じて臨時の面接をしたり、時間を延長したり、共にお茶を飲むことによって、悪い結果につながる経験を積み重ねたことによる、臨床的な知恵である。フロイトは、時間の使い方のなかに、患者の無意識の願望や欲望が隠されていることが多いことに気づき、治療構造を壊そうとする試みを行動化（acting out）と名づけて、それを重要な分析の対象としたのである。今日の日本でも、プロの心理療法家の多くは、決められた曜日の決められた時間を治療構造として設定して心理療法を行っている。

修験道の修行における時間はどのようになっているだろうか。先に回峰行を行う際の一日のスケジュールを紹介したとおり、山を歩く時間、食事の時間、休憩の時間、作務の時間、勤行の時間などが定められている。回峰行や勤行は修行という感じがするが、先にも述べたとおり、立石行者は「二十四時間全部が行」という。勤行するのも、山を歩くのも、トイレに行くのも、冗談を言うのも、すべて貴重な行だというのである。山の生活では、一瞬一瞬を主体的にどれだけ目覚めて生きられるかということが鋭く問われている。山道を歩いているときには、一瞬の気のゆるみが、滑落につながる。修験の行で、けが人が出ることは珍しくない。残念なことに平成に入ってからも死者が出ている。山の行はつねに危険と隣り合わせの真剣勝負であるからこそ、行としての意味があるともいえる。「行が立つ」（修行ができるという意味）修験者の所作を見ていると、歩くときも、法螺を吹くときも、人に話しかけるときも、料理をするときも、細部まで隙がなく意識が行き届いていることに気づかされる。散漫な人やケアレスミスが多いような人は、悟りとは縁がないのであろう。

塩沼行者は千日回峰行の初期の日記に、「行者なんて次の一歩が分からないんだ。行くか行かないかじゃぁない。行くだけなんだ。理屈なんか通りゃしない。もし行がなけりゃぁ短刀で腹を切るしかない。もう次の一歩が分からないんだ。みんなの幸せだけを念じ、右左右左右左」と記している（塩沼、2008）。また、「『ある一定の期間の行』という考え方、また『人生すべてを行だ』と捉える考え方がありますけれども、私は坐禅している時とか、行をしている時とか、その時だけ一息一息を大切にするんじゃなくて、普段の生活の中でも、ご飯を作りながらも、歩きながらでも、一息一息を、人生という行を大切に生きているのが人として一番理想だな、という考えにだんだんと変わってまいりました」と述べている（塩沼、2007）。

修験道の治療構造をなす時間とは、与えられたすべての時間が修行、ということであろう。もちろんそこには濃淡があり、より濃密で集中的な修行の時間が設けられている。そして、さしあたりは与えられた今日一日を、今という一瞬をどう生きるか、ということに集中することに力点がおかれている。今ここでの自覚なくして、悟りや解脱など意味をなさないからである。

限定する心理療法、解放する修験道

以上のように、心理療法と修験道の治療構造は、対照的である。心理療法は、自然な人間関係のダイナミズムを敢えて封印し、無菌の実験室のような狭小な時空間にセラピストとクライエントを閉じ込め、顕微鏡で覗くがごとくに深層心理の微細な動きを観察し、精査できるように治療構造を設定した。一方、修験道の治療構造は開放系であり、空間的には壁も天井もない山であり、それは神仏の住む宇宙山（cosmic mountain）を意味している。時間的には、一定の区切りはあるものの、二十四時間すべて、人生すべてが修行であり、今ここの一瞬に全力を注ごうと努める。

時空間を限定する心理療法と、限定をはずす修験道という対比は、近代西洋の知性と、日本的霊性のべクトルの相違でもある。かつて私は、日本独自の心理療法――森田療法、内観療法、臨床動作法――の共通要素を検討し、そのひとつとして次のような結論を得た。

日本の心理療法は、問題中心的な方法をとらず、より大きな文脈における癒しや成長を志向しているということである。すなわち、症状を標的としてその解消へと向かって直進するのではなく、それを取りまくものを丸ごと改善することを目指すのである。（中略）日本の心理療法は、問題そのものに直接的にアプローチしなくとも、問題が問題でなくなるという手法をとるのである。これは、日本の心理療法が、二元論的な「分別」を徹底する思考法ではなく、問題は全体的な連関の中から生まれてくるという発想に立っていることを示している。日本人の深層意識には、ものごとをばらばらにして分析するだけではなく、つながりにおいてものごとを全体的に把握するという態度が染みこんでいるために、このような独特なすぐれた手法の心理療法が三種も誕生したのではないだろうか。（石川、2011）

この考察は、修験道を念頭においていないが、セラピーとしての修験道においても、無限定な治療構造の設定を見る限り、ぴたりとあてはまっている。このような、無分別的に全体的連関を丸ごと捉えようとする志向は、日本的霊性の核心的特徴のひとつであると思われる。

心理療法や修験道療法を活かす「人」

修験道療法の治療構造は、山＝宇宙山＝神仏と、二十四時間いつでも「今」への集中にあるということをみてきた。この広大無辺な治療構造の器を活かすためには、そこに「人」が必要である。

心理療法においても、治療構造を活かし、意味ある変容を起こすためにもっとも重要な役割を果たすのは、「人」（セラピストとクライエント）である。

臨床心理学の世界では、「人」の個別的条件よりも、どのような治療技法が、どれだけ症状を改善したかという統計的なエビデンスを出すことの方が重要視される趨勢にある。しかし、治療技法の種類は、クライエントの変容に十五％程度しか影響を与えていないことが、諸々の心理療法の効果に関する大規模なメタアナリシス研究の結論として報告されている（Miller, S., Duncan, B., Hubble, M., 1997）。したがって、治療技法を重視しすぎる態度はバランスを欠いており、心理療法の実際とは解離してしまう。統計的な研究では決して表に出てこない要因であるが、実際の心理療法では、個性をもったこの世に不二の存在として実存しているセラピストとクライエントという「人間」こそが、非常に大きな変数として、心理療法の過程に影響を与えているのである。治療技法はクライエントが変容するための道具または触媒にすぎないのであり、それはどのような資質をもち、どのような準備状態を整えた、いかなる「人」が、いつどこでどのように使うかによって、有効にも無効にも、あるいは有害にもなりうるのである。

修験道療法においても、天と地をつなぎ、豊かな自然を活かし、神仏や精霊のご加護を得て修行を進めるためには、「人」の意識がもっとも重要である。個性をもったこの世に唯一の存在として実存している行者の意識が、修行の内容に決定的な影響をもたらすのである。

行者の資質

では、行者はどのような「人」であるべきか。これは私の力量を越えた課題である。理想的には、解脱している行者ということになるが、それではあまりに厳しすぎて、だれも適合者がいないということになってしまう。第一、解脱していたらもう修行する必要はない。現実的な意味で、修験道の理想の行者は、山と共に生き、菩提心《ぼだいしん》（自分や他者のために真理を求めて悟ろうとする心）をもち、十分な修行を積み、煩悩少なく、智慧と慈悲を備え、今ここを余すことなく生き尽くしている人物が理想なのだろう。そうした人物は、多様な個性がありえるのであり、ひとつの固定した理想的行者像があるわけではない。

日本研究で有名な民俗学者ブラッカー（Blacker, C., 1995）は「霊媒と行者は共にシャーマンである」と述べ、修験の行者をシャーマンとして扱っている。民俗学者の宮家（2001）は、「修験道の山岳修行は結局のところ、修験者にシャーマン的能力を付与することを目的とする儀礼であると考えられる」としている。修験道の行者がシャーマンであるとすれば、やはり「験力」を備え、「神仏」との交流ができることを求められているのかも知れない。もしも行者がシャーマンであるとすれば、神仏と人間を媒介できる力や、いわゆる狐や狸といわれる低級霊ではなく、格の高い神かどうかを峻別できる審神《さにわ》としての能力も必要であ

写真2．元日回峰行で祈る立石光正行者（右）と筆者（左）

ろう。その為には、自らが修行によって清らかな心になっていなければならない。しかし「験力」は、解脱に必ずしも必要なものではなく、執着すれば陥穽にはまる危険性があるので注意が必要だ。

山学林の立石行者は、野性的、直感的、情熱的、型にはまらない、恐れ知らず、融通無碍、などの特徴があり、観察力、注意力、体力と気力、意志と実行力、芸術的感性に恵まれているように思われる。そして何よりも、神仏を本気で信じて疑わず、いつも全力で命がけである。立石行者と山を歩けば、大自然と行者が連動した現象をしばしば体験する。行者と山がひとつになっているからである。

立石行者は、不意に修行の様子や心の状態を見透したかのような内容を語りかけてくることがあった。折々に、行者の理解力と状態に応じて、密の教えを師資相承の形で伝えることもある。餓鬼供養なども行っており、行者としての資質を多く備えている。

行者の意志が天地と通じ、天地人の縦軸が揃うことによって、行場は神仏の霊的な器として機能する。神仏、人（行者）、山、森、川、滝、岩、太陽、風、火、動物、昆虫、精霊が、ひとつの身体のように有機的に働き、行者はその一部となって自らを浄めるのである。

第三章　修験道修行の心理と可能性

動機がすべてを決定する

修行にやってくる人のきっかけや背景は千差万別であり、身心の準備状態もまちまちである。そのなかでもっとも大事なのは、「なぜ修行させていただくのか」という動機である。役行者は次のように語っている（伊矢野、2004）。

この峰に登らんと欲《おも》わば真浄《しんじょう》菩提心《ぼだいしん》を持せよ、菩提心無くして峰に入る者は手を空しくして倉庫に入るが如し、何の得る処かあらん。

山に入って修行をするものは、真に清らかな菩提心を起こしていることが必要であり、それがなければ何も実を結ばないということである。修行の道を歩もうと出発するときにも、さらに次の道を進むときにも、原動力はつねに内なる菩提心・求法心の炎である。

菩提心が真剣で清らかものであれば、たとえ身体が弱くて充分に山道を歩けなくとも、その心は山に響き、得るものがあるであろう。強い菩提心をもつ人が山に入れば、山はそれに呼応するのである。一方で、頑強な身体の持ち主が山を駆け抜けたとしても、菩提心がなければ、単なるアウトドア・レジャーかスポーツ以上のものは何も得られないだろう。

行者の菩提心に応じた果実が与えられるという法則は、修験道に限らず、すべての霊性修行にあてはまる真実である。求道者が道を進むためには、いつも自他の救いのために悟りを得たいという強い菩提心を抱き続け、修行に対する理解を深め続ける姿勢が不可欠である。人と変わった体験がしたいとか、世界遺産をみたいとか、苦行を制覇して自信をつけたいとか、超能力を得てひとを驚かせたいなど、興味本位や自己本位な欲望を動機として修行に入れば、相応の結果しか得られず、修行の本質には触れられないのである。山は鏡のように、入る人の心によって、異なる姿を現すのである。

苦行の意味

山の修行といえば荒行を思い浮かべてしまい、逡巡してしまう人も多いだろう。また、ゴータマ・ブッダは、欲望を貪る快楽主義も、自らを害する苦行も、どちらも悟りには至らず、丁度よい中庸の道を説いたので、苦行は無意味だと主張する向きもあるだろう。私も、数年前に塩沼氏の千日回峰行などの話をきいて感銘を受けたが、自分が山で修行をするとは考えもしなかった。しかし、熊野で七度の修行を体験し、私のような入門的な修行で苦行を語ったら笑われるかもしれないが、苦行には一定の意味があることを少し理解できたような気がする。

煩悩具足の自己

苦行の第一の意味は、心身に負荷がかかることによって、自分の弱い心や醜い心に直面化する機会を得られるということである。私たちは、快適な状況におかれているときは、煩悩は潜伏し、エゴによって巧妙に隠されたままになっている。この状態では、理想的なことを考えたり、言ったりするのは比較的容易である。ところが、自分が不快な状況におかれ、身心が苦しい状態におかれて余裕がなくなると、隠されていたエゴが頭をもたげ、潜在していた煩悩が活発化し始める。苦行は、シャドー（心の影の部分）を顕わにし、あるがままの自分の心を映しだす鏡として機能するのである。

修行で苦しみや疲労が高まると、私の内面には、「なぜまたこんな山奥にやって来てしまったのか」というエゴの声がきこえてくることがあった。やがて、体力も根性もなく、山の共同生活をうまくこなす器量もない自分、すぐに逃げ出したくなる軟弱な自分、身体が疲れると求法心さえぼやけてきてしまう自分、修行など無理だったのではないかと悲観的になる自分、こうした自分自身を目の当たりにして凹むのである。

しかし、ヨロヨロとなにも考えられずに、足を止めずに歩き続け、形だけでも勤行を行い、法螺を吹いてみると、音が身体に響き渡り、すっと新しい力が身体に吹き込んでくる瞬間がある。すると、山はなん

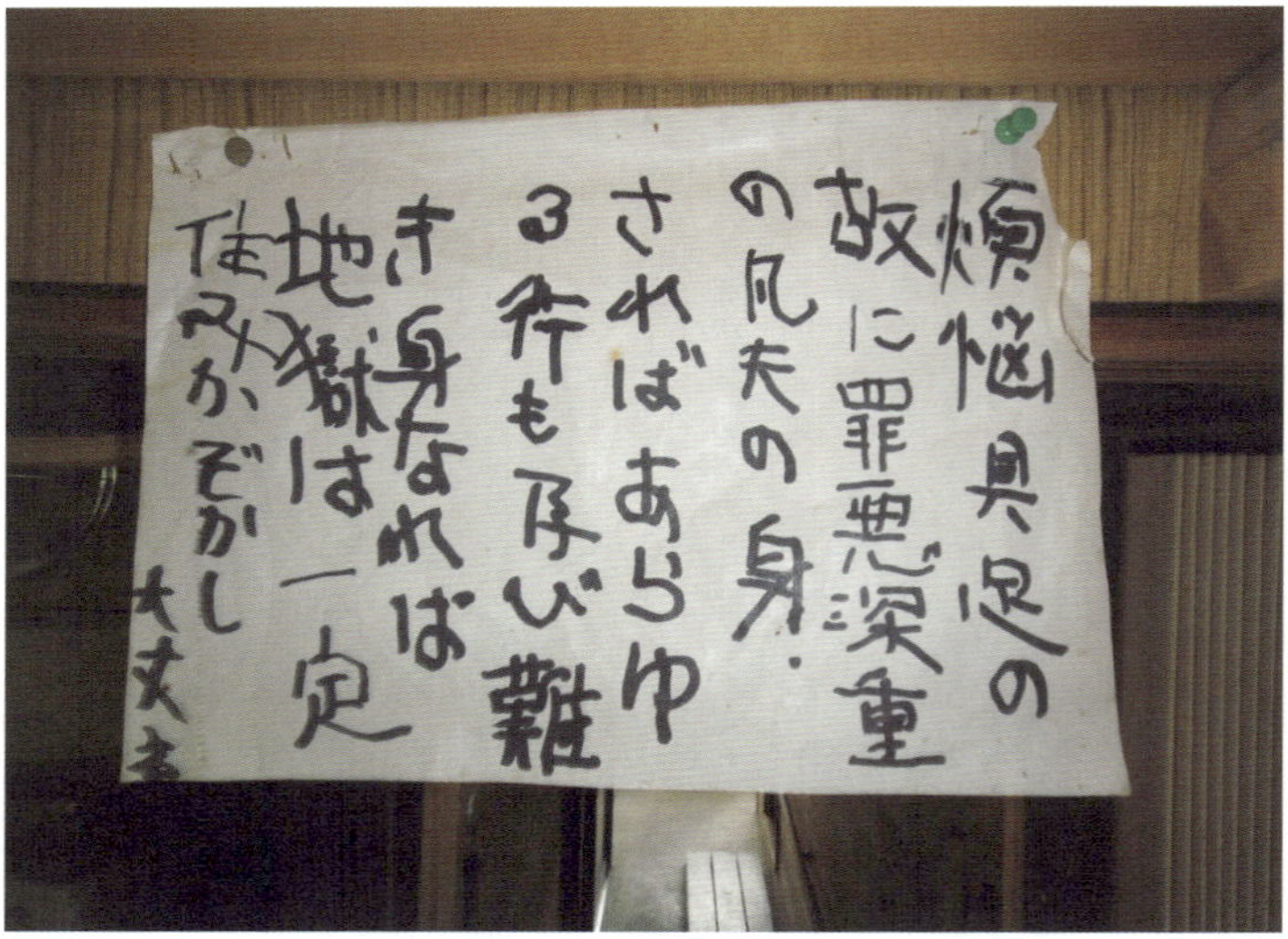

写真３．山学林に貼られている親鸞の言葉に軟弱行者はほっとする

と優しく美しく、ここの風は気持ちがよいのかと感じ入る。山から帰り、師匠に合うと、いつも以上に優しく感じられる。このような状態では、諸存在と容易に響き合い、配慮が胸にしみ通り、新しい活力が与えられるのである。疲労した心身は、自我の殻を落とし、違ったものの見え方を提供する。そして、心は無常であるから、歩いているうちに必ず変化していくのである。

菩提心や求法心を成就するためには、心の暗部であるシャドーに直面し、観察し、まっすぐな心にたたき直す作業が欠かせない。実際の所、煩悩具足の弱く醜い自分をはっきり認めたところが、修行の出発点なのである。意識から分離されていたシャドーに光が当たると、シャドーが統合されてシャドーでなくなる。そうすると、心が軽くなり、現象をあるがままに見られるようになってくる。山、森、雨、風、火、滝、すべてが隠れた煩悩の脱落を助けてくれる。

苦行についてわかったようなことを語ったが、実際には、私の行は苦行というほどではない。ゴータマ・ブッダの体験した苦行は、一日豆一粒の食事で瞑想を続け、あばら骨が浮き出し、目がくぼみ、何度も仮死状態になり、悪魔の呼びかけを受けるほどのものである。私は軟弱であるがゆえに修験道の修行を苦しいと感じたが、死にそうになったわけでもないし、実際にはこの程度の負荷がかかる修行が私にとっての中庸だったのかもしれない。

本気の菩提心

日本研究で有名な民俗学者ブラッカー（Blacker, 1995）は、日本の修行で真言や陀羅尼を唱えることについて、「苦行をしたことのない、力を授けられていない普通の人が唱えると、その効果はまったくないとはいわないまでも、減少するであろう。言葉の中の潜在的な力を得るには、断食と水行を行った人によって唱えられねばならない。（中略）聖なる経典は、このように苦行と組み合わされないと本当に力強くならない。」と述べている。

実際に、エアコンの効いた部屋の中で祈るよりも、山や滝などで、修行をしながら祈る方が、その力はずっと強まるように感じられる。それは、先述のシャドーや煩悩が脱落することに加えて、苦しみを通過することによって、本気になってくるということである。表層意識で唱えたり祈ったりする段階から、苦行が加わると、深層意識が前面に出てきて、自分が唱えているというよりは、自分の深層意識が勝手に唱えているような感覚になってくる。大乗仏教では、このような清らかな深層意識を仏性と呼ぶのであろう。

自己の中心が、低次の自我から高次の意識へとシフトするといってもよい。自己の中心が深層の仏性のごとき意識と同一化して祈るとき、表面的なものではなく、気の漲る祈りとなり、力が増す。こうして行者は天地と一体化し、異界との交感によって、信愛の心（バクティ）に満たされた世界へと参入する。験力とはこのような集中した状態で修行することによって開発されるのではないかと思われた。

死生学のパイオニアであるキューブラー・ロスが「逆境だけが人を強くする」と述べたように（Kübler-Ross, 1997）、人間は苦しみのなかでのみ、強い意志を発動し、決意を本物に育てることができるのではないだろうか。修験道の苦行は、自ら逆境を求め、菩提心、求法心、信愛の心を磨き、強め、本物にするための智慧であると思われる。

したがって、苦行そのものが目的ではなく、苦行の意味をよく理解して、自分にとって中庸となる修行の強度を見つけることが重要なのではないかと思われる。

異次元の日常化

苦行は、変性意識状態（altered state of consciousness：ASC）へ導く効果も持つ。変性意識状態へ導かれると、それまで感じられなかった微細な世界を感じやすくなり、日常とは異なる認識作用へと変化する。こうして新たなチャンネルで山や木や精霊たちとの交流がはじまる。験力の獲得や、トランスパーソナル・アニミズムの世界を体験するには、このような変性意識状態への出入りが不可欠である。

変性意識状態によって、無意識や高次の意識へと通じやすくなると、滞った感情が浄化されたり、異次元の存在との交感が起きやすくなる。日々山を歩き、滝に入り、法螺貝を吹き、真言・祝詞・お経を唱え、瞑想することは、日常意識と変性意識との出入りを頻繁に行い、異次元を日常化する試みでもある。

山に登り、息を弾ませながら垂直的に高度を上げてゆくことは、意識を上昇させることとも対応する。山を下ることは、高次の意識から日常意識への下降を象徴する。山に登り、ぐるっと回り、降りてくる回峰行は、高次と低次、非日常と日常を円環的に往来することに他ならない。高みに登ることによって、エゴの死と再生を繰り返し、あの世とこの世の往復を繰り返し、合意的現実への執着や呪縛を弛める。こうして山を登り降りしながら、同時に意識の多次元世界を旅し、諸行無常・一切皆苦・諸法無我の三法を理解する智慧を身につける修行なのである。

懺悔の心、菩提心、信愛なき変性意識状態の危険

以上のように、苦行によって、自らのシャドーや煩悩に直面して、菩提心や信愛の心を本物にさせ、仏性を発動し、変性意識状態によって多次元を経験し、智慧を獲得することをみてきた。重要なのは、これらがセットになって機能していることである。

昨今、新しい技術によって、変性意識状態への旅をする機会が得やすくなっているが、エゴに気づいて懺

悔したり、菩提心や信愛の心がないままに、興味本位で異次元へトリップすることの危険性について、注意を喚起する必要があるように思われる。世界の多次元性を体験すること自体には意味があるが、動機がしっかりしていなければ、ただのレジャーに終わるか、しばしば傍迷惑な自我肥大を引き起こす。さらに、勝手な意味づけをして妄想的な世界に浸ったり、異常な意識領域に引き込まれ、帰還できなくなる危険性もある。

エゴが凝縮した無知な心は私たちの想像以上に堅固であり、厚い鎧の如くである。それは、私たちの恐れ、怒り、不安、もろもろの執着、貪り、傲慢、無痴などで構成された心の汚れであり、ほとんどは巧妙に隠されたまま、無自覚な鎧となって身心にこびりついている。鎧をまとったままでは私たちの心は神仏の世界とは大きな隔たりがあり、通じることができず、瞑想や祈りを行っても自らの汚れによって遮断され、跳ね返されてしまう。簡単にいえば、修行ができないのは、瞑想ができないのは、煩悩が活発に働いているからなのである。それゆえ、山に入り、汗を流し、息を吐き、心から礼拝し、懺悔することによって、煩悩の鎧がほころび、シャドーに光が差し込み、清浄な心が生まれ、神仏とまみえる準備が整うのである。

お手軽にトリップできるスピリチュアル・セラピーなどでは、心の汚れを落とさないままに、菩提心や信愛の心がないままにさまざまなビジョンやメッセージを体験するので、しばしばエゴに汚染された歪んだ体験となっている可能性が高いのである。

直接経験

心理療法にも共通することであるが、修験道において特に重視されることは、自分自身で直接経験することであり、それに代わるものは何もないということである。それは実際に自分で山々を歩き、心をこめて勤行をし、苦しみを突き抜け、煩悩具足の自己の姿を認め、一度死に、生まれ変わるということである。そうすれば、自分の感覚で山の真の姿にまみえることができる。これは自分で体験すべきことなのであり、知的問題ではないのである。

山学林で長い間修行をしているある行者が、温泉の湯船につかりながら次のように語った。「修験道知っとるゆって、あれこれいろいろしゃべるやつたくさんおるけど、なにを知っとるちゅうんや。なんにも知らんで」。この方はさまざまな修行を数多く経験し、行者たちにも信頼されている人物であり、印象に残る言葉だった。

立石行者は、私の修行を鼓舞するために、「石川さん、ただの大学の先生で終わるな」と声をかけてくれることがある。知的研究に満足せず、真実には到達せよという激励であろう。

行者の間では、俗世間の知識や地位を山にまでぶら下げてくる人や、頭だけの知識を垂れる人は、ただちに見透かされる。これは意地悪をしているのではなく、書物や、聴いただけの知識だけでは理解不能な、修行による直接経験による知があるために、自然とこのような反応になるのである。

一方で、先述の通り、形だけの行をしたり、苦行を達成しても、菩提心や信愛の心がなく、修行の意味の理解が欠落していれば、十分な効果は得られず、体育やレジャー、あるいは狭義の心理療法と同等のものに修験道が矮小化されてしまうだろう。

比叡山では今でも、教典の学びと修行を両輪とする「解行双修《げぎょうそうしゅう》」の伝統が息づいていると聞く。知的な理解と修行の実践は、合わせて学ばなければ、どちらも形骸化し、意味を失う危険性を免れない。反対に、バランスよく解行双修すれば、修験道は真の智慧へと導く優れた霊的伝統であるに違いない。

修験道療法の可能性

私が熊野で体験したのは、入門的な修行に過ぎないが、それでも一般的なセラピーやワークショップと比べれば、かなり敷居が高いと感じられるだろう。実際、ある程度の身心の準備状態がなければ、危険を伴うことは事実であり、誰にでも気軽に薦められるものではない。修験道を「療法《セラピー》」として、修験道の入門と位置づけて、危険性や負荷を軽減し、敷居を低くすることも可能である。

苦行は苦しむこと自体が目的なのではなく、先述のとおり苦しみの結果やってくる心理的プロセスが目的であるから、いたずらに荒行することが重要なのではない。精神的な成長を達成できるように、それぞれの体力に見合った負荷をかければよいのである。そのように考えれば、修験道療法は、老若男女、菩提心さえあれば、だれでも実践できるということになる。

修験道を「療法」と捉えることによって、特定の組織や狭義に縛られることなく、いままで修行とは縁のなかった人にも敷居が低くなり、自由に修行に挑戦しやすくなるというメリットもある。修験道はそもそも多様な思想を柔軟に取り込んできた日本の霊的伝統であるが、その精神をいっそう敷衍して、ホリスティックセラピーあるいはトランスパーソナル心理療法としての修験道療法を実戦することが可能である。ただし、人間は弱いもので、易きに流れやすい。緊張感もなく、安全が保証され、負荷がかからない修行では、レクリエーションやアウトドアースポーツ、あるいはお客さん扱いする商業的ワークショップに堕しかねない。山で転んで怪我をしたので主催者を責めるとか、虫や獣がいるからやりたくないとか、雨が降ったら休むなどという心構えでは、そもそも修験道は成り立たない。適切なさじ加減と、行者の意識がつねに問われることになる。適切な負荷は、もうこんなの二度と嫌だと思うくらいが丁度よいかもしれない。それほど私たち凡夫の煩悩は根深く、狡猾であり、シャドーの闇は深いからである。修験道療法の実践については、このあたりのバランスを常に注意深く観察しながら実践すべきであろう。

現代人に必要な修験道のハードル

諸外国を旅すると、日本ほど社会の隅々までサービスが行き届き、便利で安心、快適に過ごせる国はないことに気づかされる。このような国に住む現代日本人にとっては、修験道を実践することは、日常とは対極的な環境に身をおくことになる。山奥で不便な生活を送り、危険が隣り合わせで、身心の限界に挑むことになるからである。この鮮やかな対照が暗示することは、修験道には現代の都会人が失ってしまった野生を取り戻させ、霊性に目覚めるための重要な鍵が隠されているということである。

しかし、都会で生まれ育った人々には、山の荒々しさがハードルとなって、安全が保証されたワークショップやスピリチュアルセミナーや勉強会には参加できても、簡単には山の修行には踏み込めないという方々も多いだろう。しかし、踏み込むためには一定の決意と準備を必要とすることが修験道療法の長所なのである。

すでに繰り返し見てきたように、山という聖域の中で、一時的に身心に負荷がかかる苦行によってこそ、煩悩に満ちた自己のありのままの姿を認めて懺悔し、シャドーを統合できる。そして、真の菩提心、求道心、信愛の念を内面に育て、鍛え、揺るぎなく打ち立てる機会が与えられる。これが真理を求める行者として生まれるということである。

快適さや便利さへの執着という煩悩（貪欲）を手放し、快適でなく不便であることへの拒否感（瞋恚）を手放さなければ、心は清らかになることができない。したがって、修験道のハードルは、庶民に阿《おもね》って低くしすぎてはならない。

自然の力は私たちの無駄なものをそぎ落とし、変性意識状態に導き、自然、神仏、諸処霊との出会いと融合の体験へと導く。この入我我入の至福の状態が、大乗仏教的にいえば、仏性の顕現を導く。

しかしこれは一時的な状態に過ぎないことに気づく必要がある。瞑想的な意識が心の恒常的な構造には至っていない。そこで、多次元への意識の旅を身体とともに日常的に繰り返すことによって、非日常が日常化され、高次元が日常化され、本物の行者がつくられていく。

いつも高い意識を保てる境地に至れば、修験道の目的であり、仏教の目的である解脱へと向かう。高い意識とは、瞑想的な意識であり、精妙な意識であり、平和な意識であり、貪りや怒りや無知という煩悩の静まった意識であり、智慧のある意識であり、信のある意識であり、喜びや楽のある意識のことである。この意識に何度も何度も入り、より深め、自分の中心的な意識状態にすることが悟りに向かうためには欠かせない。

私は、心理療法においても、このような高い意識、精妙な意識、瞑想的な意識を重視し、瞑想意識による対人援助の根本原理として、「スピリット・センタード・セラピー」を提唱した（石川、2011）。修験道は、行者が悟りを目指し（発心）、行のなかで瞑想意識を体験して汚れを落とし（六根清浄）、身体・心・法への気づき（sati, mindfulness）によって智慧を得て、最終的に悟ること（解脱）を目的とする修行である。それは、スピリット・センタード・セラピーと同様の原理であるが、真剣に取り組めば、セラピーよりも修行の方がずっと強力である。

自然環境への意識と修験道

自然と隔絶されてしまった私たちが、修行によって自然の一部であることを体験的に悟ることは、個人の救済になるばかりではなく、地球環境問題を根底から解決する意識革命へとつながるだろう（図1参照）。

二十一世紀に生きる人類は、自然を欲望の対象として搾取・虐待したツケを負うことになると思われる。

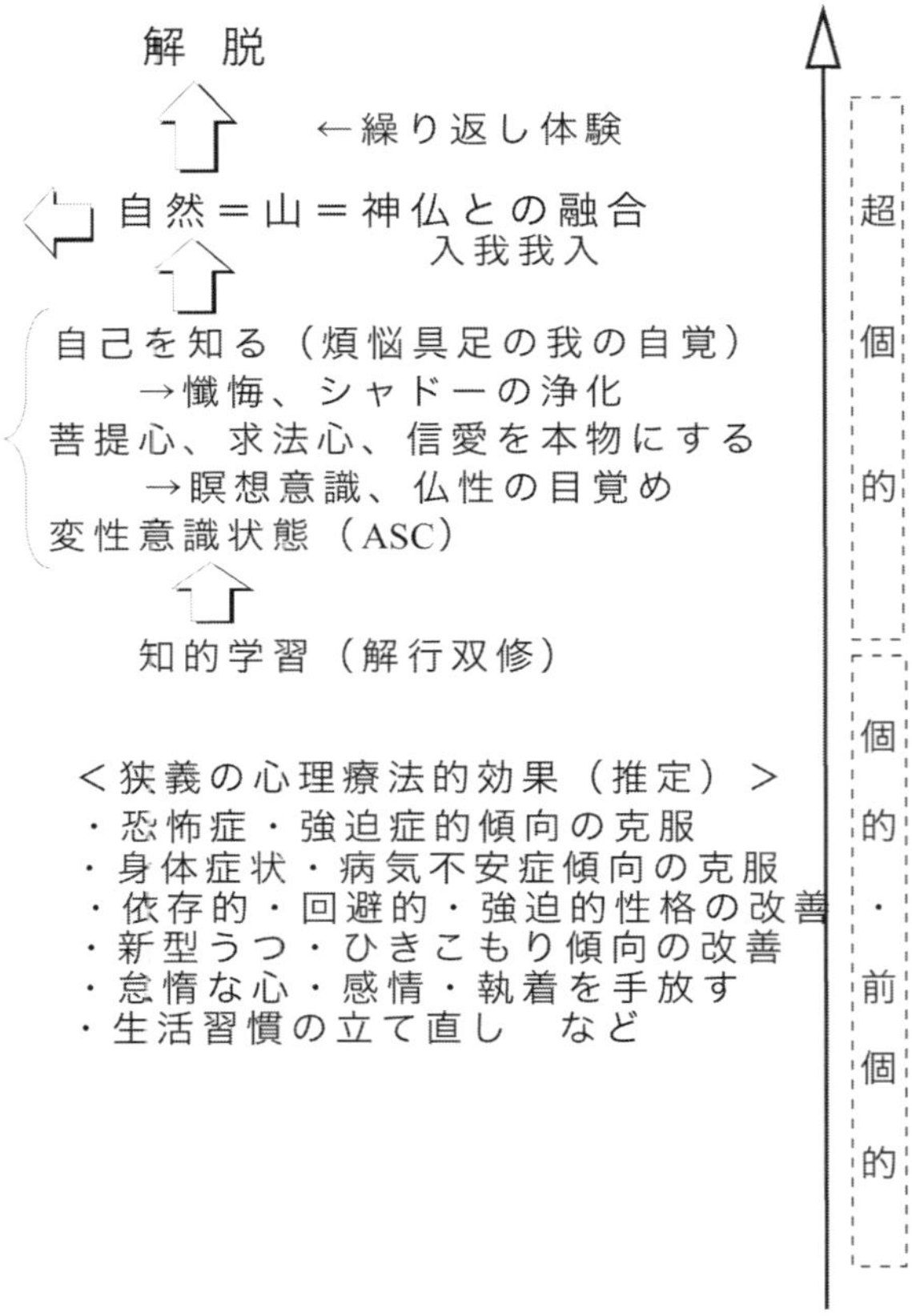
解脱
←繰り返し体験
自然＝山＝神仏との融合
入我我入
自己を知る（煩悩具足の我の自覚）
→懺悔、シャドーの浄化
菩提心、求法心、信愛を本物にする
→瞑想意識、仏性の目覚め
変性意識状態（ASC）
知的学習（解行双修）
＜狭義の心理療法的効果（推定）＞
・恐怖症・強迫症的傾向の克服
・身体症状・病気不安症傾向の克服
・依存的・回避的・強迫的性格の改善
・新型うつ・ひきこもり傾向の改善
・怠惰な心・感情・執着を手放す
・生活習慣の立て直し　など
超個的
個的・前個的

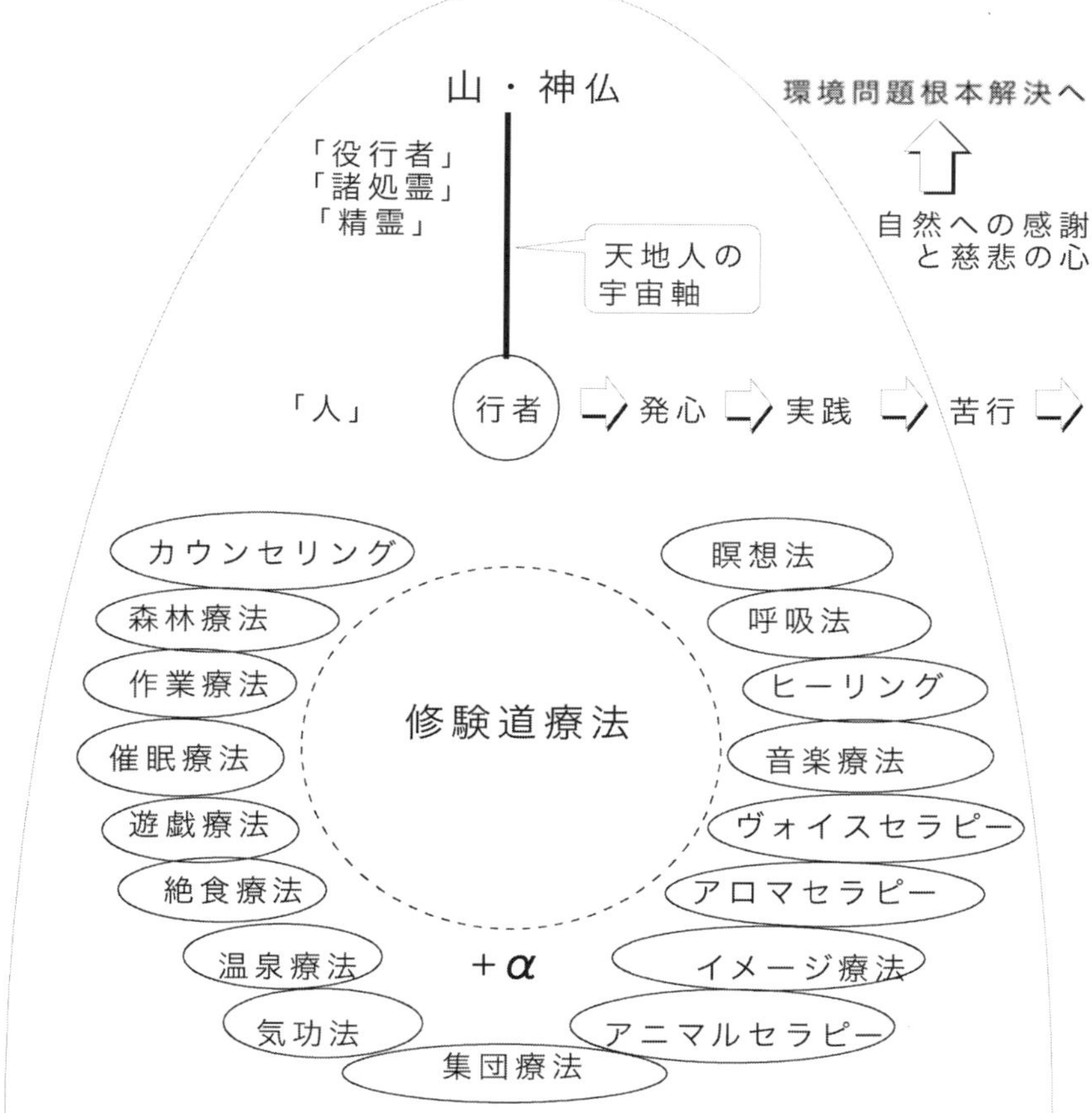
山・神仏
「役行者」
「諸処霊」
「精霊」
天地人の
宇宙軸
環境問題根本解決へ
自然への感謝
と慈悲の心
「人」
行者
発心
実践
苦行
修験道療法
カウンセリング
森林療法
作業療法
催眠療法
遊戯療法
絶食療法
温泉療法
気功法
集団療法
瞑想法
呼吸法
ヒーリング
音楽療法
ヴォイスセラピー
アロマセラピー
イメージ療法
アニマルセラピー
＋α

図1. 修験道療法の概要

自然に対する強欲を反省し、謙虚に行いをあらためなければ、すでに異常気象と天変地異がおきているが、さらに甚大な被害が出るであろう。わが国は、東日本大震災において、取り返しのつかない原発事故を経験し、今でも復旧の見通しは立っていない。世界で唯一、三度被爆した日本であるが、残念ながら、これほどの痛みを受けても、金銭と快適さへの欲望は抑えることができず、反省することもできない。欲望と高慢の暴走を抑えられなければ、さらなるしっぺ返し（業果）を受けるだろう。

修験道のような、自然崇拝の精神文化を持っていた日本人は、すでにいなくなってしまったのだろうか。世界レベルの地球環境会議でも、残念ながら日本は後ろ向きであるし、国民も関心を持っていない。このようなエゴイズム、無知、貪りの強さが、日本が世界一便利で快適であるにもかかわらず、心の病が多発する原因であろう。日本人だけではなく、人類が自然のお陰で生かされていることを自覚し、欲望中心の生き方から、謙虚で秩序ある生き方に転換しなければ、予想以上に早く人類は滅びてしまうかもしれないのである。

このことに関して、残念ながら、私はあまり楽観的になれない。学生にこのような話をしても、関心を持つ割合は低く、環境の話を五分以上続ければ、たちまち寝てしまうのである。彼らのような若い世代は、環境にかけた負荷は自分たちにもどってくることを将来経験するはずであるが、死傷者が多く出ても、目は覚めないのではないかと思われてしまう。このような低い意識では、もはや修験道の修行は到底理解できないであろう。

大自然、さまざまな生きものに生かされていることを自覚し、感謝の念を持ち、生きものすべてに慈しみのこころをもち、慈悲を実践に写すことが、実は自分の苦しみを取り除く最短の道である。しかし、自然のセラピーと称して、自然から自分が受け取ること、自然に癒されることばかりを考えているようでは、自己中心的なエゴに支配されたままなので、結局、苦しみから脱することはできないのである。このシンプルな、業と業果を確認するためには、よく心を観察すればよいのである。

人間以外の関係性へ

山の行はいうまでもなく、悟りへの唯一への方法ではない。しかしこれまで見てきたように、修験道は、神仏、山、心ある行者の条件がすべて整えば、素晴らしい修行となる。修行の効果には、教養の心理療法、ホリスティック・セラピー、トランスパーソナル心理療法、スピリット・センタード・セラピーとしての機能を含み、最終的には悟りを目指す道である。快適さ、便利さ、経済、情報、メディアへの執着が強い今日、自然の中に裸で飛び込む修験道は、かえって重要性が増しているのではないだろうか。

今日の日本人は、あまりにも対人関係に埋没し、消耗していることが多いように思われる。自分が関わりのある人間関係ばかりに意識が集中し、国全体、人類全体、生きもの全体、自然全体、惑星全体、宇宙全体、神仏などが、視野に入っていないことが多い。視野狭窄に陥り、小さなことにこだわりすぎているのである。

修験道療法は、対人間よりも、徹底的に対自然、対神仏の関係のなかで自己を見つめ、自己を超えていくという側面を持っている。他の心理療法やセラピーに欠落しがちな重要な可能性である。人が学ぶべき環境は、人間集団だけではない。

かつて私は、日本独自の心理療法三種を考察の対象として、それらに共通する特徴を分析したことがある。その結果、これらには、「ひとりで自分を見つめることを重視するということ」を抽出した。修験道療法も、回峰行を主体とするならば、「ひとりになる」という日本的心理療法の特徴を備えるものとなるだろう。

私は、修行の至らぬ行者であることを自覚した上で、専門の心理療法の経験と修行体験を重ね合わせた修験道療法を、試行錯誤しながら細々と展開している。人間関係に消耗し、自然と切り離された都会生活を送り、自らのありのままの姿を見失い、自らのエゴと煩悩に翻弄されている多くの現代人にとっては、直接に自然や神仏と対峙する修験道はかなり有効で有用な薬になると思われる。

真心から真摯に修験道療法を模索するならば、役行者さんも苦笑しながらも見守っていただけるのではないかと思いたい。

実践へ向けた言葉

修験道の目的は、悟りであり解脱である。日光の修験者である伊矢野美峰氏（2004）は、修験道とは、釈尊にならった修行を行ない、釈尊の悟りの「境界《きょうがい》」を「追体験」しようとするもの。

と述べている。釈尊とはゴータマ・ブッダのことであり、境界《きょうがい》とは境地のことである。私もそのような気持ちで実践したいと思っている。ゴータマ・ブッダの直説にしたがって、修験道に新しいものを取り入れたり、古いものを取り除いたりして実践している。修験道とは、本来、教義がなく、トップダウンで組織的にしめつけるようなものではない。そのおおらかさを信じて、ブッダのダンマ（法）に沿って、修験道を捉え直したいと私は考えている。

修験道は解行双修の精神に則るべき道であるから、実践による体験が伴わなければ無意味である。そこで万人が各々に適した修行の場へのご縁が与えられ、それを実践する勇気を得るために、次のような役行者の言葉を紹介して、第三章の筆を置かせていただくことにする。

誠心の信心を以て峰に入れ、聖《しょう》は静《しずか》として遂ぐ、不聖は怖れとして止まる。王世の縛《ばく》に拘わらず唯だ山伏の道を事業《じごう》とせよ。

現代語訳：まことの信心をもって峰に入りなさい。まことの信心がある者は、修行に妨げが入りません。逆にまことの信心がない者は、怖れの心が生じて修行に妨げが入ります。世間の考え方やあり方に縛られることなく、ただ修行の道を自己の中心において生きなさい。

第四章　アマゾン・ネオ・シャーマニズムとは何か

アマゾンのシャーマニズムとの出会い

あるとき縁があって、私はブラジル北西部のアクレ州にある、奥アマゾンの原始的な生活をしている村に赴いた。アマゾンには、古代から今日まで、さまざまなシャーマニズムの伝統が脈々と受け継がれている。シャーマニズム（shamanism）というのは、「意のままに神や精霊と直接的に接触・交流し、その間に神意を伝え、予言をし、病気治療を含むいろいろな儀礼を行う呪術《じゅじゅつ》・宗教的職能者シャーマンを中心とする宗教形態」（佐々木宏幹、「日本大百科全書」小学館）のことである。

私はアマゾンのジャングルの中で、シャーマンの執り行う儀式に繰り返し参加した。そこで、シャーマンが体験しているような異次元の世界、不可思議な世界を何度も体験することとなったのである。

その体験は、私に不可逆的ともいえる、大きな内面的変化をもたらしたが、その内容は言葉で表現できる範疇をはるかに超えていて、他者に正確に伝達しようとすればただちに困難な壁があることを感じざるを得ない。その体験に近似するような言語をかろうじて繋ぎながら表現してみたところで、一般常識的な感覚や、通常の心理学や精神医学からすれば、幻覚または虚構として片づけられ、多くの誤解や奇異の目にさらされるであろうことは明白である。

シャーマニズムと共通する霊的《スピリチュアルな》体験

しかしながら、私が二十年来研究してきたトランスパーソナル心理学という人間の霊性（spirituality）を研究する学問の知見に照らすならば、常識では理解しがたいシャーマニズムによって引き起こされる心理的体験は、超個的《トランスパーソナル》な世界空間に意識が到達したときに生じる現象が凝縮された典型である。シャーマニズムによる内的体験は、人それぞれまったく異なる幅広い多様性がありながら、一方ではさまざまなスピリチュアルな体験と共通する特徴をもっている。

ここでいうスピリチュアルな体験とは、大きくいうと三つある。

第一は、霊性修行の過程で生じる神秘体験やそれにともなう困難、いわゆる「宗教体験」のことである。霊性修行には、瞑想修行、ヨーガの修行、坐禅修行、修験道修行など、世界各地にさまざまな修行があるが、これらを徹底的に実践すると、多くの人がいわゆる神秘体験をしたり、それにともなう独特の心身の状態や困難が生じることが知られている。シャーマニズムの体験はこれと共通するところがある。

第二は、突然霊性が開花しはじめる時期に起こるとされるスピリチュアル・エマージェンスやエマージェンシーと呼ばれる体験である。簡単な日本語で言えば、魂の発現や魂の危機ということになるが、これでもよく分からないであろう。この言葉を使い始めた精神科医のスタニスラフ・グロフらによると、スピリチュアル・エマージェンスとは、シャーマンの危機、神秘体験、クンダリニーの覚醒（仙骨に眠る霊的なエネルギーが目覚めること）、心霊能力の開示（pshchic opening）などの体験を、霊的な潜在力が徐々に発現していると理解し、スピリチュアル・エマージェンス（spiritual emergence）と呼ぶ。スピリチュアル・エマージェンスにおいては、しばしば霊的な現象をコントロールできないことから、心理的、身体的、社会的に障害をもたらし、危機的な状況に陥る場合があり、そのような状態をスピリチュアル・エマージェンシー（spiritual emergency）と呼んだ（Grof, S. & Grof, C. 1989,1990）。

第三は、臨死体験（near death experience：NDE）である。臨死体験は、病気や事故などで死にかかった人が、生死の縁をさまよっているときにする不思議な体験として古くから知られている現象である。一九七〇年代からレイモンド・ムーディやケネス・リングなどによって本格的に学術的な研究がなされるようになった。それによると、臨死体験はよく起こるありふれた体験であるだけではなく、その体験内容には、その人の生まれ育った文化や信じる宗教とは無関係に、普遍的な特徴があることが明らかにされている。たとえば、臨死体験による安らぎに満ちた心地よさ、身体からの離脱、暗闇に入る、光の世界に入る、超越的存在との出会い、人生を走馬燈のように回顧する、死んだ親族や知人と出会う、などである（Ring, K. 1980）。

ちなみに、臨死体験は脳のつくりだす幻覚ではないかという見解も少なくないが、脳神経外科の世界的権威であるエベン・アレグザンダー医師が、自ら臨死体験を経験し、臨死時のデータと体験をつきあわせ、脳の幻覚ではないことを論証した。その経緯はアレグザンダーの著書『プルーフ・オブ・ヘブン』に書かれていて、米国で二百万部のベストセラーとなるなど、大きな議論を呼んでいる。

このような、修行の過程で生じる宗教体験、スピリチュアル・エマージェンスやエマージェンシー、臨死体験と、シャーマニズムの体験は、通じるところが少なくないのである。今回私は、それを身をもって体験して理解することになったのである。

アマゾン・シャーマニズムの地理と歴史

アマゾンのシャーマニズムは、おそらく修験道以上に多くの方にとって馴染みがないと思われるので、はじめにアマゾンのシャーマニズムとはどのようなものかについて、基本的な情報と、すでになされている主な議論について説明しておきたい。基礎知識を得ることによって、後に記す私の理解しがたい体験を少しでも理解できる可能性が高まると思うからである。

まずは地理と歴史からみていこう。

アマゾンは、日本からみると地球のほぼ真裏に位置する南米大陸に広がる巨大な熱帯雨林のジャングルである。シャーマニズムが発祥した地域は、南米大陸の広大な地域を毛細血管のごとく無数に枝分かれして流れるアマゾン川流域である。現在のブラジル、ベネズエラ、コロンビア、エクアドル、ペルー、ボリビアアマゾニア諸国にまたがり、アマゾニア（amazónia）と総称される領域である。主としてアマゾン上流域周辺に住むアマゾニア土着の先住民社会において、数千年前から独自のシャーマニズム文化が継承されていたようである（山本誠、2012）。

図2．南米大陸の地図とアクレ州

歴史的には、十五世紀末から数百年にわたってスペイン、ポルトガル、イギリス、フランスによる征服と植民地化により、アマゾンのシャーマニズムは最大の危機を迎える。大量殺戮、奴隷化、強制労働、感染症の拡大、キリスト教の伝道など、欧州の価値観の押し付けがなされ、インディオ達の伝統的な文化、宗教、慣習は大打撃を受けた。シャーマニズムの伝統も大半が根絶やしにされたようだが、ジャングルの奥地に孤立した部族の間でかろうじて生き残り、存続したという（Grob, C.S. 1999）。

シャーマニズムからネオ・シャーマニズムへ

シャーマニズムの伝統には、二十世紀に入り、もうひとつの大きな転機があった。黒人のゴム採取労働者であったライムンド・イリネウ・セーハ（Raimundo Irineu Serra, 1892-1971）が、女神から啓示を受け、ブラジルのアクレ州にサント・ダイミという教団を一九三〇年代に設立したことである。

イリネウは、北ブラジルのマラーニョ（maranhao）で生まれたアフリカ系出身であり、信者の間ではメストリ・イリネウ、「黒の聖者」と尊称されている。それまでの伝統的な南米のシャーマニズム同様、地上最強のサイケデリクスともいわれるアヤワスカ（これについては後に詳しく紹介する）を用いる方法を継承しながらも、やり方を大きく転換した。それは、シャーマンだけが異界に飛翔して、神々の知恵を参加者に伝えるのではなく、参加者全員が直接に神々の世界へと旅立つ儀式の方法を確立したのである。このようなやり方は必ずもイリネウに限られたものではないが、いわばシャーマンが異世界を独占せず、万人に開放し、いってみればシャーマニズムの民主化をした儀式を教団において定式化したことの意義は大きい。なぜなら、これによって、森に住むインディオたちだけではなく、異教徒たちや、近代教育を受けた異国の人々も含めて、儀式に参加するすべての人たちにシャーマンの世界への門戸が開かれ、本人が望みさえすれば体験的に検証可能になったからである。

それゆえ、サント・ダイミが設立され、各地に展開されると、アマゾニアのシャーマン文化がジャングルという地理的制約を超えて、都市部を含むブラジル全土に広がり、さらには全世界へと波及する駆動力になったのである。

イリネウによるサント・ダイミの活動は、伝統的なシャーマニズムの形態を打ち破った。本書ではこれ以後、サント・ダイミ教団およびその影響を受けた類似の宗教的活動を、伝統的な先住民族のシャーマニズムとは区別して、ネオ・シャーマニズムと呼ぶこととする。

ネオ（neo-）という接頭辞は、もともとは「新しい」を意味するギリシャ後であり、他の単語と連結することによって、「新～」「復活～」「近代の～」という意味を持たせる。したがってネオ・シャーマニズムとは、新シャーマニズム、近代的シャーマニズムといってよいだろう。一般には、シャーマニックな変性意識を活用し、新しい形態の儀式やセラピーをさしてネオシャーマニズムといわれることが多い。たとえば、精神科医のスタニスラフ・グロフが発案して実践している、いわゆる過呼吸を人為的に起こして無意識や高次意識を呼び起こすホロトロピック・ブレスワークは、ネオ・シャーマニズムなどと称されることがある。

私が体験したのは、アマゾンの先住民族であるインディオたちが伝承してきたシャーマニズムではなく、それをルーツとして、イリネウによるサント・ダイミ教団によって定式化された、参加者全員がシャーマン的世界に参与して体験するという民主的形態の儀式としてのアマゾン・ネオ・シャーマニズムなのである。どちらも広い意味ではシャーマニズムなのであるが、厳密にいえば、本書ではネオ・シャーマニズムについて語っていくということである。

ネオ・シャーマニズムの展開

私がネオ・シャーマニズムの儀式に参加した場所は、多岐にわたる。ブラジル南東部のリオデジャネイロ郊外の小さな山の中や、ブラジル北部のアマゾナス州の州都マナウスから車で四時間ほどの距離にあるジャングルの中、そしてブラジル北西部に位置するアクレ州の州都リオ・ブランコ（Rio Branco）から車で約七時間、そして再び車とカヌーに乗り継いで約二時間あまりのところにある小さな村などである。

最後の小さな村は、サント・ダイミ教団一派の拠点であるアマゾン奥地のセウ・ド・マピア（Céu do Mapiá）から近いところにあるが、電気・ガス・水道・（車が通れるような）道路・電波等のインフラが一切存在しない原始的な生活を送っている村であった。寝泊まりする建物もなかったので、私たちは樹木の間につるしたハンモックで夜を過ごした。

これらの場所で繰り返しネオ・シャーマニズムの儀式に参加することができたが、その会場はいずれもサント・ダイミ教団の教会であった。教会といっても、きれいな建物があるわけではなく、多くはジャング

写真4-1. サント・ダイミのシンボルであるダブル・クロス（マナウス郊外）

写真4-2. サント・ダイミの儀式の一場面（マナウス郊外）

ルの中の屋根だけのオープンな施設や、単なる森の中の広場である。

一九六一年には、サント・ダイミと同様にアヤワスカを用いる教団ウニオン・ド・ベジェタル（União do Vegetal：UDV）が、ジョゼ・ガブリエル・ダ・コスタ（José Gabriel da Costa、ブラジル北東部のバイーア州出身、信者からはメストリ・ガブリエルと尊称される）によって設立された。ウニオン・ド・ベジェタル（UDV）も七十年代にはブラジル全土に広がりをみせ、九十年代には欧米にも進出している（中牧、1992）。

その他、かつてはサント・ダイミのメンバーであったダニエル・ペレイラ（Daniel Pereira de Mottos、アフリカ系ブラジル人、信者からはメストリ・ダニエルと呼ばれる）が教団を出て、新たな団体バルキーニャ（Barquinha）をやはりアクレ州のリオ・ブランコに設立している。

アマゾン・ネオ・シャーマニズムの源流であるサント・ダイミにおいても、一九七一年に創設者イリネウが死去した

写真５．車で行けるのはここまで。ここから少し歩き、後はカヌーに乗る。

ことを契機に、教団の分裂が起きている。現在、そのなかの最大分派はライムンド・イリネウ・セーハ光の総合センター（Centro Eclético da Fluente Luz Universal Raimundo Irineu Serra：CEFLURIS）であり、パドリーニョ・セバスチャン（Sebastião Mota de Melo）によって一九七四年にリオ・ブランコに創設された。

以上のように、アマゾン・ネオ・シャーマニズムの団体は複数に分化し、各地にコミュニティーがつくられるなど、複雑で流動的な展開をみせている。一方で、それ以前の伝統的なシャーマニズムも各地で存続しており、多様なシャーマニズムがアマゾンの中で現在も活発に行われているのである。

アマゾン・ネオ・シャーマニズムの六つの特徴

私はブラジルの各所において、さまざまなシャーマンが主導するサント・ダイミの儀式に参加し、異なるセッティングやプログラムを体験したが、以下の六つの要素は共通していた。

①大自然の中で行う。

屋根のある整った会場もあったが、どこも壁に囲まれていない屋外で、深いジャングルの中が会場であった（写真6）。広場で火を囲んで行うこともあった。

②祈り。

はじめにキリストへの祈り、聖母マリアへの祈り、そしてアマゾンの女神ジュラミダンへの祈りが行われる。儀式は祈りに始まり、祈りをもって終わる、厳粛な雰囲気である。排他的な一神教であるキリスト教が、アマゾニア土着の女神ジュラミンダンと混交しているのは興味深い。サント・ダイミのシンボルは通常の十字架に、横に一本加わったダブル・クロスである（写真4-1）。キリスト教の装いでありながら、アマゾニアの霊的伝統を受け継いでおり、通常のキリスト教とは異質の特徴を有している。

③ 聖なる歌を歌う。

何時間も歌い続ける。ギターやマラカスなどの楽器を演奏する人もいる。この歌はイナリオ（hinário）と呼ばれ、神を讃える歌である。シャーマンの説明によると「天から受け取る聖歌のこと。歌の音魂で森の女神と同化する意識に神通力が宿る」という（吉野、

写真6．ある儀式の会場（リオデジャネイロ郊外）

図２．アマゾン・ネオ・シャーマニズムに共通する６つの特徴

2011)。特にブラジル人は大きな通る声で歌い続けるので、どのような極限的な意識状態になってもイナリオが全身に響いてくる。

④身体の運動。

会場までジャングルを歩くことに加え、祈りのためにジャングルの中を歩くこともある。イナリオを歌っているときには、簡単なステップを踏んでくり返して踊る。数時間の儀式では、かなりの運動量になる。

⑤瞑想。

儀式の途中で瞑想の時間が入る。儀式中は感覚や感情が平時の数倍以上に感度が高まっており、内外の状況に非常に良く気づく。変性意識状態にあり、異世界へと意識が飛翔することもある。儀式後にも、個々に自然と静かな瞑想状態に入ることもある。

⑥「神様のお茶」を飲む。

聖餐《せいさん》としていただく。アマゾン・ネオ・シャーマニズムの伝統であり、意識を変性させる強力な作用をもつ。この後、詳しく述べるが、サント・ダイミのなかでは、このお茶をダイミあるいはハインヤなどと呼ぶが、一般的にはアヤワスカのことである。「神様のお茶」としてのアヤワスカをつくるときも、儀式として丁重に行われ、厳しい重労働ながら、イナリオを歌いながら作業する工程が多いという（吉野、2011）。

以上の六つの共通要素の内、⑥はアマゾン・ネオ・シャーマニズムの特異的な点であるが、残りの①～⑤の五つの共通要素は、世界の霊的諸伝統の修行法に多くが含まれており、トランスパーソナルな霊性修行の普遍的要素であるといえる（石川、2013, 2014, 2015）。たとえば、修験道の修行には、歌の代わりに真言、読経、法螺貝の奏上があると考えれば、五つすべての要素を満たしている（石川、2012）。

アヤワスカ

アマゾンのシャーマンが伝統的に用いてきたアヤワスカ（ayahuasca）とは、現地のケチュア語で「死者の蔓」「魂の蔓」を意味する。地域によってはヤへ（yagé）とも呼ばれる。

アヤワスカの学名はバニステリオプシス・カーピ（banisteriopsis caapi）であり、一〇〇メートル以上にまで達することのある巨大な蔓植物である。その硬い樹皮を木槌で打ち砕き、もう一種または数種の植物の葉を混ぜてサンドイッチ状に積み上げ、釜で長時間煮詰めることによって、儀式で用いられる「神様のお茶」が生成される（吉野、2011）。写真7、8はリオデジャネイロ郊外の、アヤワスカを生成する場所である。

写真７．カーピの蔓を粉砕する場所

写真８．アヤワスカを煮込む場所

もう一種の植物としては、サイコトリア・ヴィリディス（psychotria viridis、チャクルーナとも呼ばれる）の葉を混ぜる場合が多い（Grob, C.S. 1999）。一般には、混合して煮込まれた飲料をアヤワスカ（ayahuasca）と呼んでいる。

サイコトリア・ヴィリディス（チャクルーナ）には、意識を変性させるＤＭＴ（ジメチルトリプタミン）成分が含まれている。ＤＭＴは、猛烈なビジョンを生み出す作用をもつが、単独で経口摂取しても、胃に自然発生するモノアミン酸化酵素によって不活性化されてしまい、その作用は発揮されない。ところが、バニステリオプシス・カーピを組み合わせて煮込むことにより、そこに含まれているハルマラ・アルカロイドがモノアミン酸化酵素を阻害する作用（MAOI）をもつため、ＤＭＴが活発に吸収されるようになる。その結果、中枢神経系に大きな変化を引き起こすのである（Grinspoon, L.& Bakalar J.1979, Grob, C.S. 1999）。

ＤＭＴの作用は、突然あらわれる激しいものであり、「心をぶっとばす（mind-blowing）」と表現するに相応しく、かつて精神治療薬としての研究が盛んであったＬＳＤの作用とほぼ同一であるが、ＬＳＤよりも強力であることが知られている（Grinspoon, L.& Bakalar J.1979）。

サイコトリア・ヴィリディス（チャクルーナ）に含まれるＤＭＴの主な作用は表1に、バニステリオプシス・カーピに含まれるハルカラ・アルカロイドの作用は表2のとおりである。ただし、双方を混合して生成されたアヤワスカの作用は、ＤＭＴとハルカラ・アルカロイドの作用を単純に加算したものではなく、単独摂取にくらべて、より穏やかで持続性が増大し、ビジョンも有機的自然に向けたモチーフが増えるなどの異なった特徴が生じることが知られている（McKenna, T., 1992）。

表1．DMTの作用 （Grinspoon, L.& Bakalar J.1979 をもとに作成）

【身体的作用】
散瞳、深部反射の亢進、心拍数・血圧・体温の上昇、目眩や吐き気、悪寒、疼き、振戦、深い呼吸、食欲不振、不眠など。どれも必ず現れるわけではなく、逆の兆候が現れることもあり、幅広い兆候が現れる。
【精神的作用】
輝くような強烈な刺激がもたらされる、美への反応が高まる、色彩が鮮烈になる、音は深い情感を帯び、空間的は位置に特別な意味を見出す、深い知覚が先鋭化する。 身体意識が著しく高まる、感触が変化する、時間は遅く感じられるか停止する。 閉眼で鮮明な像、幾何学模様、風景、建造物、生命あるもの、象徴的な物体を見る。 被暗示性が高まる、感情が誇張される、日常では経験することがない強さと純粋さをもつ。愛、感謝、喜び、共感、欲望、怒り、痛み、恐怖、絶望、孤独感がきわめて強力になる。隠されていた両義的な感情がすべてあらわになる。 思考とビジョンが次々と頭に浮かぶ。ものがその形態を失い奔放に揺れ動くリズムの中に溶解する感覚、別の宇宙に移動し逗留しているかのような体験が訪れる。

表2．ハルカラ・アルカロイドの作用
（Grinspoon, L.& Bakalar J.1979 をもとに作成）

【身体的作用】
吐き気、嘔吐、発汗、目眩、倦怠感、震え、痺れ感、筋肉の弛緩。
【精神的作用】
夢幻イメージを伴うトランス状態になる、開眼でイメージが展開する、閉眼で鮮明なイメージが映画のように続く、宙づりや飛翔するような感覚、身体の内側に落下する感覚、死を体験しているような感覚が起こる。自分の考えにふけることを願い、他人とコミュニケーションをもちたがらなくなる。

アヤワスカは薬物中毒のリハビリに有効であることも知られている。ペルーのタラポトには一九九二年に「タキワシ」（takiwasi）という薬物依存者向けの施設が設立され、コカイン、アヘン系薬物、アルコール、ニコチン中毒者のリハビリとしてアヤワスカが儀礼と共に行われている（Mabit et al. 1995, 山本誠，2012）。また、宗教的文脈以外でも、アヤワスカは原産地では万能薬と考えられ、浄化用下剤として用いれば腸内寄生虫駆除に有効であるとされている（McKenna, T.: 1992）。

メディスン・マンの超合理的な知恵

欧米流の教育を受けた近代人からすれば、科学的知識も実験道具ももたない先住民族が如何にして、星の数ほどある植物の中からたった二つの植物を選び出し、絶妙な組み合わせを行い、特殊な生成方法まで知りえたのか、合理的な説明することは困難であり、謎とされている。

無数の天然薬の知識をもつメディスン・マンでもあるシャーマンに、さまざまな薬物の生成法について現地で尋ねたところ、アヤワスカに限らず、「植物の場所、生成の仕方、使用法は、精霊や女神が直接教えてくれる」のだという。アクレ州の村に滞在したとき、シャーマンはコパイバ・マリマリとよばれる聖なる樹木の樹液を紹介し、傷や腫れなどに良く効き、さらに魔を祓う力がある万能の薬であると薦めてくれた。実際に共にジャングルを四、五時間歩いて、聖木から樹液をとって小瓶に一杯をいただいた（写真9）。

写真９. コパイバ・マリマリの樹液採取

その時、「決してこの木の場所を他人に教えてはならない」と念を押されたのが印象に残っている。実際は、深いジャングルの中なので、私が一人でもう一度行くことは明らかに不可能なのであるが、欧米人などに知られると、薬剤だけを摂取し、木が切り倒され、森が焼き払われてしまうのだという。

その他にもシャーマンからさまざまなオイルや天然の薬をいただいたお陰か、電気・ガス・水道・トイレのない原始の村で裸足で過ごし、赤くドロッと濁った奥アマゾン川で沐浴する生活をしても、病気にかかることもなく、虫に刺されることもほとんどなく、心身共に健康に過ごすことができた。（写真10）

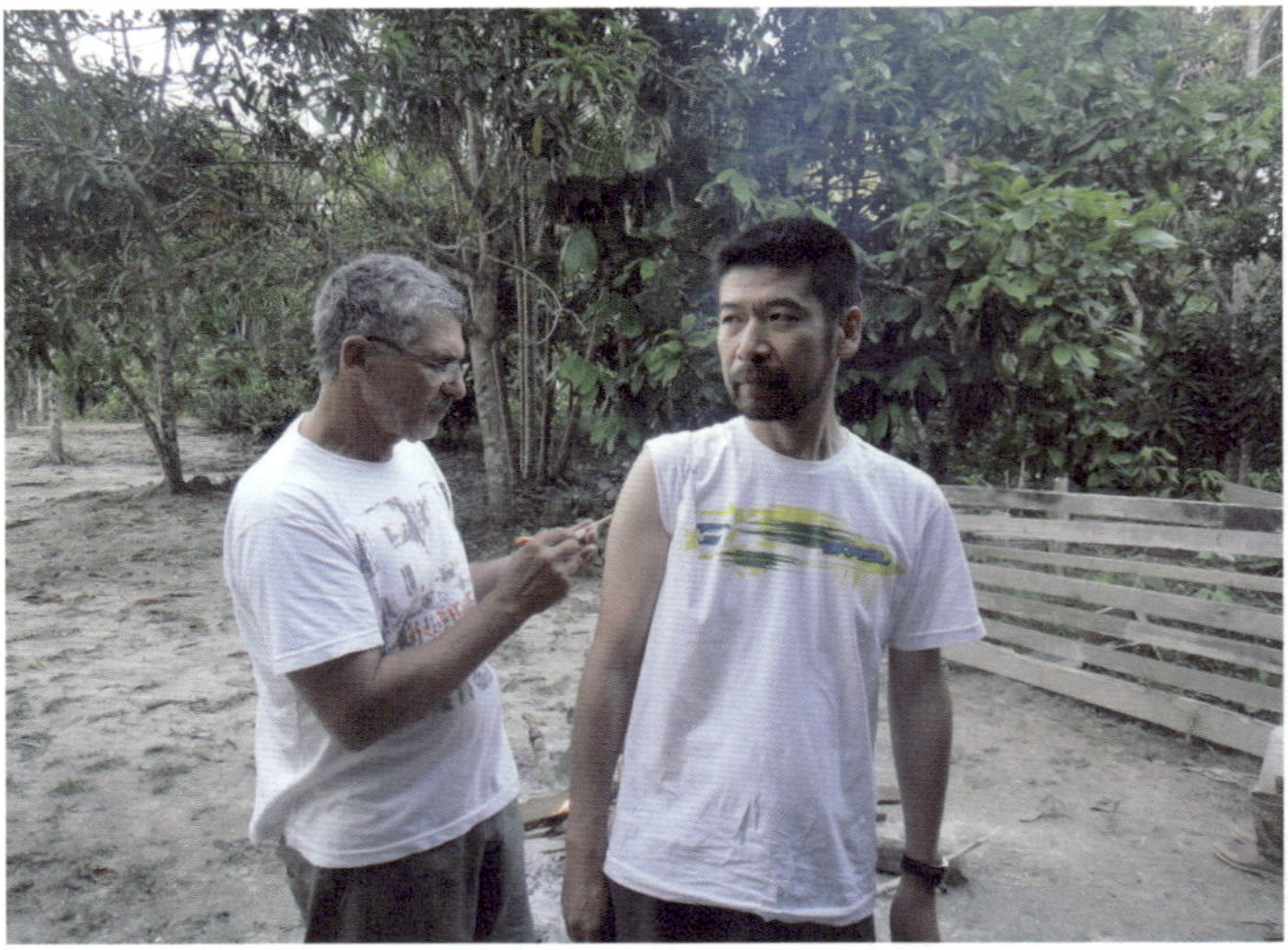

写真 10. 特殊な蛙の粘液を火で焼いた肌にすり込む。
（免疫力が飛躍的に向上するという）

サイケデリクスを巡る議論

「神様のお茶」「ダイミ」などと呼ばれるアヤワスカは、もっとも強力な作用をもつサイケデリクス（psychedelics）の一つとして医学的に認知されている。

サイケデリクスとは何であろうか。語源を遡れば、ギリシア語で精神や魂を意味するプシュケー（psyche）と、目にみえるとか明らかであることを意味するデーロス（delos）の合成語である。つまり、サイケデリクスとはそもそも「魂を顕現させる」という意味なのである（Grinspoon, L. & Bakalar J.1 979）。

現在我が国では、医学をはじめとする多くの学術的文献において、サイケデリクスは「幻覚剤」と訳されている。これは、語源的な意味とはむしろ正反対で、否定的な価値判断が含まれた訳語であることは明らかだ。精神展開剤という訳の方が中立的であるが、あまり一般的ではないため、本書ではこれからも、サイケデリクスとカタカナ表記で著すことにする。

この分野で膨大な研究を行っている精神医学者のグリーンスプーンと法学者のバカラーによると、サイケデリクスを次のように定義している。「サイケデリック・ドラッグとは、身体的な耽溺や依存、身体的に大きな障害、あるいは譫妄《せんもう》、失見当識《しっけんとうしき》、健忘《けんぼう》を引き起こすことなく、思考、気分、知覚に多かれ少なかれ確実な変化を生じさせる薬物であり、夢や瞑想や宗教体験で得られる恍惚、不意に浮かぶ記憶イメージの閃光、それに急性精神病で引き起こされる体験以外では、通常得られない変化を生じさせる薬物」である（Grinspoon, L.& Bakalar J. 1979）。

表3．サイケデリクスとその主な別称
（Grinspoon, L.& Bakalar J.1979を参考に筆者が作成）

別称	邦訳例	価値判断	備考（意味や意図など）
psychedelics	精神展開剤 幻覚剤	中立的 否定的	精神科医ハンフリー・オズモンドが1956年に価値評価から離れた用語として提唱。ギリシア語のpsyche（心、魂）とdelos（明るい、はっきり見える）の合成語とされる。
psychotomimetic	精神異常発現物質	否定的	精神病に似た状態を引き起こす物質であるとして、これらの鎮圧を意図している。
hallucinogen	幻覚剤	否定的	ラテン語の気が狂うことが語源。
psychodysleptic	精神変容物質	中立的	欧州やラテンアメリカで一般的な用語。
phantastica	幻想物質	肯定的	詩的な響きをもつ用語。精神薬理学者ルートウィヒ・レビンが命名。アルバート・ホフマンとリチャード・シュルツが支持。
entheogen	エンセオジェン	肯定的	民族植物学者や宗教学者のグループが提唱。ギリシア語のen（内に）theo（神）gen（生じる）を合成した造語で、「自分の内に神をみる」「内面に神性を生み出す」の意。

表3にまとめたとおり、サイケデリクスには英語でもさまざまな別称がある。その背景には、サイケデリクスによって引き起こされる心身の状態や影響に対する価値判断が多様に、しかも肯定と否定の両極端にまで分裂し、かみ合わない議論が展開されているという事情がある。

サイケデリクスというと、一般には薬物中毒者が違法に使用するものであるというイメージがあるが、実際には、宗教的な文脈で用いるシャーマニズムでは伝統的に用いられているし、心理療法を促進するために用いる精神医学的治療（psycholytic therapy）として活用・研究されてきた。サイケデリクスを使用するシャーマン、修行者、信者、精神科医、患者などのうちで、サイケデリクスによって生じるビジョン、知覚、思考、感情、記憶、身体感覚のすべてが無意味な幻覚だと思っている人はほとんど皆無であろう。サイケデリクスによってなんらかの真実に接近することができるとか、心の治療や成長に役立つものと考えているのである。サイケデリクスと健全に付き合う人たちの中には、むしろ現実の方が幻覚に近いと悟る人さえ少なくないのである。

一方で、サイケデリクスの知識がない人や、知識はあっても体験のない人、快楽や現実逃避の道具としてのみサイケデリクスに関心がある人たちにとっては、サイケデリクスによって生じるビジョンは無意味な幻覚、あるいは退屈しのぎの娯楽でしかないことが多いだろう。

サイケデリクスの評価は、それに向き合う姿勢や文脈によって、このように両極端に切り裂かれた状況にあるため、肯定派と否定派の間でしばしば感情的な議論に陥るのである。サイケデリクスの議論を建設的に行うためには、外的な科学的知識と、体験に基づく経験的・現象学的・一人称的な検証をバランスよく行うことによってのみ、その真の姿が見えてくるはずである。

シャーマニズム体験の主要要因は無数のセットとセッティング

後に、私のネオ・シャーマニズムの内的体験を記し、それについて掘り下げてみたいと思うが、その際に留意すべき重要なことがある。それは、ネオ・シャーマニズムの体験は、サイケデリクスが一つの要因となっていることは疑い得ないものの、その体験内容すべてを薬理作用によって説明したり、還元することはできないということである。

サイケデリクスを契機とした体験は、驚くほど幅広く、豊富で多彩である。前出のグリーンスプーンとバカラーは、「いわゆる『サイケデリック作用』とか『サイケデリック状態』といった独自のものはない。

ある人がＬＳＤを使ったといっても、その人が夢を見たという程度にしか、体験の内容や意味について知ることはできない」と端的に表現している（Grinspoon, L.& Bakalar J.1979）。

したがって、アヤワスカを摂取したといっても、それは夢を見たというのと同様に、ひとりひとり、毎回異なるし、受け止め方も異なるので、体験内容に対してはさしたる意味を持たない。

では、なにが体験を方向づけるのだろうか。それが、セットとセッティングである（Bravo,G., Grob, C. 1996）。セットとはシャーマニズムに参加する態度や動機のことである。真摯な求道的な動機をもっているのか、治療のためなのか、それとも単なる好奇心なのか、現実逃避が目的なのか、どれだけ心の準備が整っているのか、どれほど真実の理解力があるのか、これらの諸々の内的な姿勢や状態が体験に与える影響は、決定的といってよいほどに甚大である。

一方セッティングとは、儀式の場所、時間、プログラムの構造、ルール、風土、文化的・宗教的背景、シャーマン、参加者、シャーマンや参加者の経験、知性、情緒、性格、健康状態、信念、霊性、（神々や精霊たち）、などなど、多岐にわたる諸状況である。

適切なセットとセッティングがあって、はじめてサイケデリクスは有用な要素として役立つが、準備を整えずに興味本位に使えば、パニックやバッドトリップ、深刻な心身の事故を引き起こしかねないのである。

すでに述べたとおり、私はサント・ダイミ教団のさまざまな儀式に参加したが、儀式を取り仕切るシャーマンの経験や気質、配慮、儀式の進行方法によって、参加者の体験はまったく異なるものに変わってしまうことを経験した。セッティングは、同一教団だからといって、同一のものでは決してなく、多岐にわたっている。儀式は昼のこともあり、夜を徹して行われることもあった。おおらかなシャーマンもいれば、神経質なシャーマンもいた。自由な儀式もあれば、統制された儀式もあった。ジャングルの中のただの広場で行われたこともあれば、しっかりした屋根や装飾が施された会場もあった。大勢の時もあれば、少数の時もあった。

このように、セッティングは、先述のネオ・シャーマニズムの六つの特徴だけではなく、無数の要因が参加者の体験に影響を与えている。そしてなによりも、本人の動機と心がまえ（セット）が、決定的に大きな因子となるのである。

ネオ・シャーマニズムの内的体験は、セットとセッティングの無数の要素のつながりのなかで、仏教的にいえば縁起の只中で生じる現象として理解しなければ、その本質を見誤るのである。

宗教学者の正木晃（2002）が「宗教体験にサイケデリック体験は不可欠だが、サイケデリック体験だけでは宗教体験にはなりえない」と述べているのは、このことを端的に表現している。

アマゾン・ネオ・シャーマニズムの心理学的研究の展望

オアスカ・プロジェクト

ここからしばらく、研究の話になる。分かりやすく書いたので一般の読者にも十分理解できると思われるが、まったく関心がない方は、ここから第五章のはじまり（139ページ）まで飛ばして読んでいただいても構わない。

アマゾン・ネオ・シャーマニズムに関する心理学や精神医学などの研究は、欧米を中心に行われてきた。なかでも重要な研究は、オアスカ・プロジェクト（The Hoasca Project）である。オアスカとはアヤワスカのことであり、ポルトガル語の音訳である。

一九九三年、ブラジルのアマゾン流域の都市マナウスにおいて、ウニオン・ド・ベジェタル教団（ＵＤＶ）の協力を得て、オアスカ（アヤワスカ）の効果に関する多国籍的・学際的な共同研究が着手された（Grob, C S; McKenna, D J; Callaway, J C; Brito, G S; Neves, E S; Oberlaender, G; Saide, O L; Labigalini, E; Tacla, C; Miranda, C T; Strassman, R J; Boone, K B,1996）。この研究では、ＵＤＶに所属してアヤワスカを摂取している十五名のメンバーと、アヤワスカを摂取したことのない十五名の統制群に対する長期的な心理学的アセスメントが行われた。両グループに対し、構造化された精神医学的診断面接と、パーソナリティテスト、神経心理学的な評価を行っている。さらにアヤワスカを摂取している宗教のグループには、変性意識体験の現象学的アセスメント、ライフヒストリーに関する面接を試みている。

その結果、アヤワスカを摂取したグループには、精神病理の寛解がみられた。注目すべきは、教会に入信する前には、アルコール飲酒歴七十三％、暴力を伴う飲酒三十三％、刺激性物質の乱用二十七％、タバコ依存が五十三％みられたが、アヤワスカを用いた儀式に定期的に参加した被験者すべてが、これらの問題を解決していた。過去に患っていた鬱病や不安障害も改善がみられたという。

パーソナリティ・テストの結果は、アヤワスカの儀式参加者と、統制群では大きな違いがみられた。儀式に定期的に参加したＵＤＶのメンバーは、新奇さの探求、内省的、厳格さ、誠実さ、ストイック、平静さ、質素、秩序、我慢強さ、社会適合性、情緒的成熟などの面で、統制群に比べて高い点数が認められた。その他、儀式参加者は、自信があり、リラックスしていて、楽天的、のんき、非抑制的、外交的、精力的であるなどの特徴も認められ、集中力や短期記憶の指標も有意に高かった。

以上から、オアスカ・プロジェクトによって、アヤワスカを用いた宗教的儀式への定期的な参加によって、精神病理的症状の改善や、健康なパーソナリティと優れた神経心理学的機能を発揮する状態になることが示唆されたのである。

すでに述べたとおり、儀式で飲用されるアヤワスカにはＤＭＴ（ジメチルトリプタミン）成分が含まれており、ＤＭＴはアメリカ連邦法典ではスケジュールＩ薬物に指定されている。同法では、規制薬物をスケジュールＩからＶまでに分類しており、スケジュールＩとは、あらゆる状況において所持や使用を禁止されることを意味している。

しかしブラジル政府は、宗教的実践の場であればアヤワスカの使用は合法であると一九八七年に公式に認定したため、これらの研究もすべて合法的になされたのであある。ブラジルでアヤワスカを用いた伝統的なシャーマニズムや、サンド・ダイミ以降のネオ・シャーマニズムの儀式は、ブラジル国内では今日もすべて合法的な活動である。次に示すように、心理的・生理的にも安全であるとの研究結果にも後押しされている。ただし、宗教的文脈以外のでアヤワスカの摂取はブラジルにおいても認められていない。

その他の心理学・精神医学的研究の結果

ＵＤＶとサント・ダイミ教団の協力を得て、はじめてアヤワスカを用いた儀式に参加した人々への心理アセスメントを行った調査がある。サントダイミ一九名、ＵＤＶ九名に対して、儀式の四日前と二週間後に調査を行った。事前の調査では、面接と精神医学的尺度を用いてメンタルヘルスの状態をアセスメントしている。事後の調査で、再びメンタルヘルスの状態をアセスメントし、変性意識状態（ＡＳＣ）においてインタビューも行っている（Barbosa et al. 2005）。

その結果、さまざまなビジョン（現実ではない世界を見ること）、ヌミノース体験（宗教的体験による戦慄・畏怖・魅了）、平安さ、洞察、ひどい苦しみの体験等が目立って報告された。サント・ダイミのグループにおいては、精神医学的症状の有意な減弱がみられ、サントダイミとＵＤＶの両グループの被験者において、アサーティブで（適切な自己主張ができるということ）、静穏で、快活で、喜びが増大するという変化がみられた。

これと類似する研究では、サント・ダイミ十五名とＵＤＶ八名の計二十三名の被験者が、アヤワスカを用いた宗教的儀式を体験する前と体験の半年後に、精神医学的症状、パーソナリティ、ＱＯＬ（生活の質）についてのアセスメントを行っている。

その結果、サントダイミの被験者は、精神医学的症状の改善、メンタルヘルスの向上、より自信がありより楽観的な態度への変化が見られた。ＵＤＶの被験者では、身体の痛みの緩和、より自立する態度への変化が見られたという（Barbosa et al. 2009）。

次は、宗教儀式において繰り返しアヤワスカを摂取することによって心理的状態、メンタルヘルス、認知にどのような影響を与えるかを調べた比較的規模の大きな最近の調査である。定期的に儀式においてアヤワスカを摂取するメンバー百二十七名と、アヤワスカを用いない宗教に活発に参加している統制群百十五名を対象とし、パーソナリティ、精神病理、人生への態度、神経心理学的機能の調査を、はじめと、一年後に調査している。

その結果、アヤワスカ宗教の参加者群には、すべての精神病理学的な尺度においてより好ましいスコアを示したほか、自己超越がより高い指標を示し、有害な回避行動や有害な自己管理では低スコアを示した。人生への態度としては、スピリチュアルな指向性、人生に対する意味、心理社会的福祉においてより高いスコアを示した。一年後のフォローアップにおいてもこの差は維持されていた。アヤワスカ宗教者群において、心理的な不適応やメンタルヘルスの悪化、認知的な障害が生じたというエビデンス（証拠）は見いだせなかったという（Bouso et al. 2012）。

ブラジルの研究者であるシルベイラらは、アヤワスカを用いる宗教に所属している四十名の青年期のブラジル人と、彼らと性別、年齢、教育的背景、精神病理学的兆候がほぼ一致する四十名の統制群に対して、鬱、不安、アルコール摂取の習慣、注意力の問題等の精神医学的なスクリーニング調査を実施した。

その結果、アヤワスカを用いる宗教に定期的に参加している青年たちは、統制群と比べて、鬱、不安、アルコール摂取の習慣、注意力の問題の頻度が低いことがわかった（Da Silveira, Dartiu Xavier; Grob,

Charles S; de Rios, Marlene Dobkin; Lopez, Enrique; Alonso, Luisa K; Tacla, Cristiane; Doering-Silveira, Evelyn, 2005)。

その他、宗教的儀式においてアヤワスカを用いる人々へのインタビュー調査を行い、その結果、宗教的儀式におけるDMTの服用は比較的安全であり、依存性や心理的混乱のリスクも最小限のものであることを示唆する研究もある（Gable, Robert, 2007）。

外国人への影響

外国人にはどのような影響が見られるだろうか。アヤワスカを用いたグループセッションに参加した外国人（北欧出身）二十五名に、その体験をインタビューや記述によって調査し、分析した研究によると、参加者はさまざまな肯定的な心理的・身体的な改善がみられ、アヤワスカを用いたセッションは新しい医学やセラピーとして発展する可能性があると結論を下している（Kjellgren et al. 2009）。

米国の最高裁判決では、宗教的なアヤワスカの使用は認められることが示されたことを受けて、アヤワスカのアメリカ人への健康の影響の調査が行われた。サントダイミの一流派に属する米国人メンバー三十二名に対して、身体検査、ドラッグの使用歴、人口統計的情報や宗教への参加等に関するインタビュー、さまざまな心理学的尺度等でアセスメントを行った。

その結果、身体検査によって、被験者は健康であることが明らかになり、メンバーはそれがアヤワスカによる効果であると考えていた。心理面では、十九名の被験者は以前に精神医学的障害をもつ時期があったが、そのうち六名は部分的に寛解し、十三名は完全に治癒しており、八名は教会への参加によって治癒されたと述べた。二十四名の被験者は、アルコールまたは薬物の乱用や依存歴をもっていたが、そのうち二十二名は完全寛解し、五名は教会への参加が回復へのターニングポイントになったと述べた。以上から、アメリカ人においても、アヤワスカを用いる宗教への参加によって、肯定的影響が見出されることが明らかになったとしている（Halpern et al. 2008）。

以上のように、アマゾン・ネオ・シャーマニズムの諸々の学術研究を展望すると、宗教的文脈でアヤワスカを用いる儀式に参加する人々の場合には、ブラジル人であるか否かを問わず、共通して肯定的な心理学的効果、精神病理学的な治癒効果、身体的効果が見出され、障害をもたらすなどの証拠は見いだせないということである。

スケジュールＩに分類されるＤＭＴを含むアヤワスカが、適切なセッティングの中で摂取されれば、これほど肯定的な変化をもたらすとは、常識的な精神医学からすると、驚くべきことなのではないだろうか。

ネオ・シャーマニズム体験の本質へと迫る一人称的アプローチ

ここまで、アマゾン・ネオ・シャーマニズムの概要について述べ、さらに心理学や精神医学領域の研究や議論を概観してきた。しかし、このような知識によって理解できるのはネオ・シャーマニズムの外縁までである。本書では、これらの知見をベースとしながら、臨床心理学者である私がシャーマンの世界へと実際に飛び込み、その内的体験世界へと直接的に参入し、その中核へと迫ってみようと思う。

このような自ら体験することを重視すること、すなわち一人称的な試みは、昨今の心理学では軽視されがちである。研究者たるものは、現象の外側に断ち、第三者として、つまり三人称的な視点で対象を客観化し、必要なデータのみを収集して分析し、エビデンス（証拠）を提示すべきであるという風潮がますます強まっている。しかし、これは本当に正しいことなのだろうか？　私は学生の時から心理学のこのような風潮を疑わしいと感じていた。三人称的な視点で心の世界を分析したことが、本当に心を知るということになるのだろうか。三人称的な心理学ばかりやっていると、心理学には詳しくなれるが、それだけでは心そのものには詳しくなれないと思う。

三人称的な視点を重視すべきという考え方は、物質を対象とする自然科学の方法論としてはほとんどの場合正しい。「ほとんど」というのは、実際には観察した瞬間に、観察された対象は、観察の影響を受けて変化してしまうから、厳密な意味での客観とか、第三者というのは成り立たないことが立証されている。いわゆる観察者効果と呼ばれる現象である。

シャーマニズムの世界のような、心の内面を研究対象とする場合に、物質を対象とするような自然科学の方法で果たして本当に理解できるだろうか。一つのアプローチとして、自然科学的研究ももちろん意味があるが、内面の世界の本質や、特に意味や価値の問題は、自然科学では扱えないのである。

そこで登場するのが、二人称的アプローチである。臨床心理学などでは、三人称的アプローチ（自然科学の方法）のほかに、体験した人と対話したり、内面についてインタビューするなどの方法が取られることがあり、これが二人称的アプローチである。二人称的アプローチは、三人称的アプローチよりはずっと内的世界に迫ることができるが、他者の語りから理解できることにはやはり限界がある。

主観的体験によってしか理解できない内的世界の現象を本当に知ろうとするならば、自らそこに飛び込む以外には方法はないのである。心を探究する学問は、このような一人称的アプローチをもっと重視すべきではないだろうか。そうでなければ、心の本質や、内的な真理には到達できないように思われる。

「ネオ・シャーマニズムがいかなる体験をもたらすか」ということを明らかにするためには、さまざまなアプローチがありうるが、その内的世界を知るためには、自ら体験するより他に道はない。「ウナギを食べるといかなる体験をもたらすか」という研究をしようとすれば、さまざまなアプローチがありうるが、王道はウナギを食べてみること以外にない。ウナギを食べずに、ウナギの生物学やら栄養学をやったとしても、ウナギのおいしさを知ることはできないのと同様である。

私の知る限り、このように自らの体験を材料としたシャーマニズムの心理の研究は我が国にはほとんど見当たらない。人類学者の蛭川立氏は例外で、ペルーの村に何度も訪れ、アマゾン・シャーマニズムに繰り返し参加し、その内的体験を著作『精神の星座：内宇宙飛行士の迷走録』（2011）などに詳しく記している。

そのほか、アングラの雑誌や書籍、ネット上のブログなどを覗けば、シャーマニズムやアヤワスカの体験談が日本語でも散見できる。興味深い書物もあるが、学術的に掘り下げたものではない。

シャーマニズムの心理学がわが国で敬遠される理由

わが国では、ネオ・シャーマニズムが、文化現象として人類学の研究対象とはなっても、その内的体験が心理学や精神医学等の学術研究の対象とならないのはなぜだろうか。心理学関連の研究はほとんど欧米のものばかりであった。それには、複数の要因があるように思われる。

第一は、日本では、サイケデリクスを十把一絡げに危険なドラックとしてしか認識がなく、宗教的あるいは心理治療的な文脈における肯定的な作用や可能性については知られていないし、意識を向けようとしない傾向があることである。

第二は、日本の心理臨床は共感や配慮が強調され、母性原理が強すぎるとの指摘が各所でなされるのを耳にするが、サイケデリックな作用というのはこれと対極にある父性的原理の力であることが考えられる。すなわち、サイケデリクスを用いれば、有無を言わせぬ力で内面にある葛藤を暴露し直面化させ、さらには常識的な認識の外にある現実が否応なしに降りかかってくることから、この父性的な強力さが、母性的な日本の心理臨床の世界からは本能的に拒否されているとも推測できるのである。サイケデリクスの強力な固定観念を打ち破る父性的な強さは、多くの精神治療者や研究者などの専門家にも、無意識のうちに嫌悪や恐怖・不安を引き起こすということも考えられる。

第三は、霊性に関する研究が、日本では欧米に比べて全般的に低調で不活発であることだ。

このように推測されるわが国の状況で、一人称的・現象学的な体験事例に基づいて、ネオ・シャーマニズムを日本語で研究することの意義は大きいと私は思っている。東洋や先住民文化のもつ深層心理あるいは霊的智恵を見直すことにもつながるし、サイケデリクスの問題点と可能性の実際をバランスよく評価することにもつながるからである。

一人称的体験科学を可能な限り厳密にするための四条件

ただし、このような一人称的・現象学的なアプローチは、いうまでもなく方法論的な陥穽がある。強烈な体験に飲み込まれ、主観的・恣意的になりすぎるという危険性である。

一人称の体験科学を厳密にするためには、やや逆説的であるが、自らの内的体験をあたかも他人事のように、三人称的に観察することが重要である。そして、体験内容を、感情や、前提となる概念や観念を棚上げして、括弧にくくり、主観をできるだけ客観的に見つめる作業が大切になる。厳密な学としての現象学を提唱したフッサール（Edmund Gustav Albrecht Husserl、1859～1938年）の言葉でいえば、エポケーによる現象学的還元ということになる。普通の言葉でいってしまえば、できるかぎり偏見をもたずに、心をあるがままに観察するということである。

もちろん、私たちの体験にはすでに無意識のうちに心の底にある観念や見解、諸々の欲望がおりこまれて成立しているので、厳密な学としての現象学を完全に成し遂げることは事実上、非常に困難なのであるが、できるだけその精度を上げるための努力は可能である。

このような、厳密な一人称的体験科学の精度を上げるためには、科学者が科学的研究を行うためには専門的な技術と訓練が必要であるのと同様に、一定の技術や訓練が必要である。その条件を満たすことによって、内的体験が主観的・恣意的に流れすぎる危険性を食い止める一定の歯止めとして機能すると思われる。

それでは、ネオ・シャーマニズムの研究者自身の体験を分析するために、一人称的体験科学を可能な限り厳密にするにするために貢献する条件とはなんであろうか。以下にその条件を挙げて、どの程度私がそれを満たしているのかを検証してみよう。

①体験から距離をおいて平静に語れること。

感情を揺さぶる体験の直後は、なかなか冷静に振り返ることは困難である。特に、強烈なネオ・シャーマニズム体験の場合には、心を根底からかき回すので、体験が終了してから十分な冷却期間をおかないと、冷静に体験を見つめることは難しい。

私がネオ・シャーマニズムを体験し終えてから、これを執筆している今日まで、すでに四年以上の年月が経過しており、時間的にも、地理的にも、心理的にも、十分な冷却期間をおいているとおもわれる。もちろん、冷却期間として四年が十分かどうかは議論の余地があるが、少なくとも、時空間とも、一定の距離をおいたということは事実である。

さらに付言すると、ネオ・シャーマニズム体験について、私は非常に有り難い貴重な体験だったと思っているが、それを美化しようとか、卑下しようとか、忘れようとか、そのほかの思い入れのようなものはまったくない。私は今、ネオ・シャーマニズムの体験を特に想い出したいとも思わないし、想い出したくないとも思わない。その時の感覚や感情も心身の状態もありありと想い出すことができるが、それによって心が乱れることもない。つまり体験に対して、執着も嫌悪もなく、中立な心の状態である。仏教的いえば、体験に対して、貪欲（執着）もないし、瞋恚（拒絶感）もない、煩悩のない平静な状態である。

ネオ・シャーマニズム体験は既に過ぎ去ったことであり、終わったことであり、今の私がやるべきことややりたいことはそれとは別のことである。それでも、本書を執筆しているのは、講演やワークショップで修行の実際の話をすると、強い関心をもたれる方々が少なからずいて、中には涙を流して聴いてくださった方々もおられたからである。それがきっかけとなって瞑想修行を行うようになった方などもいる。本書を読まれた方が、真実の世界を知りたいという探究心に火がつき、正しい修行へ動機づけとなるならば、出版する価値は大いにあると考えて執筆しているのであって、そのほかの他意はない。

②関与しながら心を観察する専門的なトレーニングを積んでいること。

はじめから第三者の外野にいるのではなく、フィールドでプレイしながら、なおかつ冷静に観察する能力は、くり返し訓練することによって高まると思われる。私の場合は、二つの領域において、この訓練を積んできている。

第一は、約二十年に渡って心理療法を継続的に実践してきたが、そこではつねにクライエント（来談者）の濃密な主観的世界（ときには病的な妄想世界も含む）に接し、それに対する間主観的な理解や共感を抱くよう努めてきた。それと同時に、その関係性の中にありながら、そこを離れた客観的な第三者的な視点から観察するという二重性を常に保つ訓練を積んできたように思う。それは関与しながらの観察という標語であらわされるような態度、体験しながら同時にそこから離脱して観察するということである。

第二は、私は、十五年以上に渡って諸々の身体技法（ソマティックス）や瞑想修行を行っており、非日常的な体験と日常的な体験の双方を行き来しながら、つねに自らの身体と心を観察し、統合する努力を続けている。特に瞑想は、心身をよく観察することが基礎となるので、最適の訓練になっていると思われる。

③ 多様な学問的・宗教的視点をもっていること。

特定の学説や教義を心棒していると、どうしてもそれに沿ったものの見方をし、それにそぐわないものを見ないという偏りが生じがちである。一方で、多数の学説や教義（宗教的な教え）に通じていると、認識の偏りが減少する可能性が高くなる。私の場合は、まだまだ知らない知識も多いが、約二十年に渡って臨床心理学諸学派、人間性心理学、トランスパーソナル心理学、仏教心理学等を幅広く研究している専門家であると同時に、仏教、キリスト教、ヒンドゥ教などにも馴染みがあり、なおかつ特定の流派や宗派には属さず、ある程度広い学問的・宗教的視点をもちうると思われる。

④ 初期仏教の視点で分析すること

アマゾン・ネオ・シャーマニズムは、宗教的に言えば、アマゾニアに土着の女神信仰と、カトリック（キリスト教）の混交である。どちらも、情緒的な信愛を重視する宗教である。一方、ゴータマ・ブッダの説法にもとづく初期仏教は、感情を静め、智慧を重視する宗教である。しかも両者は文化的・歴史的・地理的にも接点がない。このように、アマゾン・ネオ・シャーマニズムとは対極に位置するといってよい初期仏教の視点から、体験を分析することによって、アマゾンの宗教の教義にからめとられずに、普遍的な性質を抽出できるように思われる。

なぜ、初期仏教の視点を取り入れるのかといえば、後にも再度触れるが、宗教を超えた普遍性のある法則（ダンマ）が説かれているからである。個人的には、アマゾンから帰国後、私は急速にゴータマ・ブッダの教えに惹かれるようになり、ミャンマーの僧院に短期出家までして修行に打ち込み、現在も仏道に励む修行者であるからである。

以上の四点によって、ネオ・シャーマニズムの内的体験を主観に偏りすぎることなく、中立的で冷静な視点を保ちながら探求できる可能性を一定程度担保できると考えられる。このような四つの礎となる条件に支えられることにより、常識が通用しないシャーマンの内的世界を、あらゆる予断を捨てて、フッサール（Husserl, E. 1850）が述べた意味での本来の現象学的な視点で観察、記述し、本質直観へと深めることが、可能性として開かれるのである。

一人称的体験科学という方法によって、三人称的な自然科学的研究や、インタビューなどによる二人称的研究では手の届かなかった、体験世界への直接的な探求が可能になる。ネオ・シャーマニズムの世界は、

「自分で直接体験しないと結局はわからない」というのは紛れもない事実である。

ネオ・シャーマニズムの外的研究と、実際にその世界に自らを投入してよく観察することの間には、たとえるならば、地図やガイドブックで旅の情報を得るのと、実際に旅に出て現地を自らの足で歩いてみることの間の差に匹敵するか、それ以上の隔絶がある。それゆえ、ネオ・シャーマニズム体験の本質的な理解のためには、本研究のような直接参入による一人称的アプローチが、もっとも自然な方法であり、探求の王道であり、十分な意義と可能性があるといってよいだろう。そして、一人称から三人称までの情報を総合することによって、全体像がよりよく捉えられるのである。

第五章　異次元体験　地獄・天界・瞑想

アマゾン・ネオ・シャーマニズムの体験

地球の真裏に近い、奥アマゾンのジャングルは、地理的、風土的、文化的な意味で日本とはなにもかも異なっている。しかしそれ以上に、そこで体験した心理的、霊的な世界は、日常から遙かに遠く隔たっていた。そのなかから、特に強い印象を受け、後々まで影響を与えた三つの体験をピックアップし、あるがままに記すこととする。

三つの体験とは、第一は地獄・絶望・懺悔の体験、第二は憑依・脱魂・天界の体験、第三は瞑想・洞察・精霊の体験である。さらに、帰国後の日常復帰、日常生活との統合のプロセスについても少し記しておく。スピリチュ

写真 11．アマゾン川で泳ぐ筆者。水道はないが、風呂も、洗濯も、食事も、皆アマゾン川で用が足りる。

アル・エマージェンスや臨死体験と同様、非日常的な神秘体験は、見過ごされがちであるが事後の過程がより重要であり、困難を伴う場合も少なくないからである。

地獄体験

その時のセレモニーは、日没後に始まった。キャンプファイヤーのように中心に薪を組んで火が灯された。はじめに祈りの時間があり、そのとき私は「本物のシャーマンの世界を教えてください」と心を込めて祈った。これが後に取り返しのつかない事態を招くこととなる。

祈りの後、「神様のお茶」をコップ一杯ぐいっといただいた。深緑でやや赤みがかった濃厚な色で、ドロッとしている。色だけでなく、味も濃厚で、正直、おいしいものではない。飲み干すには少し勇気がいるお茶である。

その後、火の周りで円になって皆でイナリオ（神を讃える聖歌）を歌い、ステップを踏んでいた。しばらくは気分良く踊っていたが、あるとき突然に変化がやってきた。それまで心地よかったイナリオの歌声が、い、い、い、い、い、い、い、い、い、い、い、い、い、

急に身体に突き刺さってくるように感じられたのである。あまりの痛みでその場にいられなくなり、グループの輪から外れて、森の中でひとりになった。

視界は変容し、流動変化するエネルギーの海にいた。色とりどりの粒子が、万華鏡的に広がり、一瞬たりとも制止していなかった。世界はやはりこのようになっているのだな、と思った。すべてはエネルギーで

あり、すべてはつながっているのであり、普段は別々に見えているものも、本当はひとつながりの海のようなものだ。それがお茶を飲むことによって、生理的な条件が変化して、真の姿が見えるようになったのではないかと思った。

そう思うのも束の間、色とりどりの粒子の海のなかで、上下左右がよくわからくなり、平衡感覚が失われて木などに捕まらないと歩けなくなってきた。重力の失われたエネルギーの大海原に投げ出されたような感じであった。やっとのことで身体を動かすと、それに合わせてきらきらした粒子がグワンと揺らぎ、自分の身体の内と外を分ける境界が曖昧に感じられた。

すると次に、苦しい感情が内側から次々と湧いてきて、胸を締め付けられる感覚になった。身体が重苦しくなり、背中をまっすぐに立てておくことができなくなった。ひとりでは歩けない状態となり、木の根や草を握って地べたを這いつくばった。胸がむかむかしてきて、嘔吐したい衝動に駆られたので、口を開けて吐こうとしたが、吐くことはできなかった。そうかと思うと口がもう開かないというくらいにグイと大きく開けられ、低い声の嗚咽、泣き声がどろどろとはき出された。感情的な嘔吐が続いた。身体は泥と落ち葉にまみれていた。深い悲しみ、絶望感、苦しみ、怒りが次から次へとわき上がり、息もできないほどに苦しく、のたうち回った。耐えがたい苦痛に圧倒され、絶望し、狂ったように「神様助けて」と叫んだ。しかしなにも変わりはしなかった。何度か絶叫した。私は神に助けを乞うことしかできない哀れな乞食であった。

私の中に僅かに残っていた正常な意識は、地べたに這って化け物のような醜い形相で唸り叫んでる自分自身を観察していた。私は完全に精神病者、狂人そのものだ、ああ私は壊れてしまったと思った。精神病者はこのような苦しい世界にいるのだな、これはとてもじゃないけれど耐えられない世界だな、などという専門家的な思考も巡った。

私の惨めな姿を見たシャーマンが、ゆっくり私の方に歩いてきて、こう言った。「これはシャーマンは皆通る道なんだ。私も同じように体験してきた」。そして優しくハグしてくれた。狂人となった私は有り難くて仕方なくなり、「ありがとう、ありがとう」といった。

あまりの苦しみのために、ここから逃れるために死んでしまいたいと思った。しかし同時に、死んだところでこの苦しみは終わらないとなぜかすぐに思った。この体験は、生きていようが死んでいようが関係なくある心の働きであると直感的に理解していたのだ。

時間が止まっているように感じられ、一瞬一瞬存在していること自体が激しい苦痛であった。まさに絶望した。ジャングルの中で、自分は狂人になって人生を閉じるのだと思った。そうしたら、両親や、親しい人々、お世話になった人々の顔が浮かび、無謀な旅に出て人生を終えてしまい申し訳ない、恥ずかしいという思いになった。

すると今度は、過去の場面が次々とリアルなヴィジョンとなって見え始めた。どのヴィジョンも、私が過去に他者に対して悪意をもったり、悪意のある言葉や拒否的な態度をぶつける場面であった。生まれてから現在までの、子どもだった時の些細な場面も次々と連続して去来した。すべての経験は一つ残らずどこかに記録されているのだと驚嘆した。私のなしたことは、なにひとつ隠すことはできない、すべては行動だけではなく心の中まで見通され、記憶されているのだと思った。今いる世界では、なにひとつ嘘や隠し事が通用しないと感じた。

場面をただ視覚的にみているだけでなかった。私の汚れた心、自己中心的な心がありありと胸に感じられ、同時にその態度や言葉によって相手が受けたダメージも強く感じられた。私は耐え難くなり、地面に頭をすりつけて「ごめんなさい、ごめんなさい、ごめんなさい」と何度も声に出して謝罪した。自分こそ、悪魔の頭《かしら》であったのだ。だから正当にも、こうして今、地獄に落とされ、自分の悪業《あくごう》を逐一証拠として見せられているのだと思った。心の底から声を出して涙を流して必死になって懺悔した。

どれくらい謝り続けた頃だろうか、

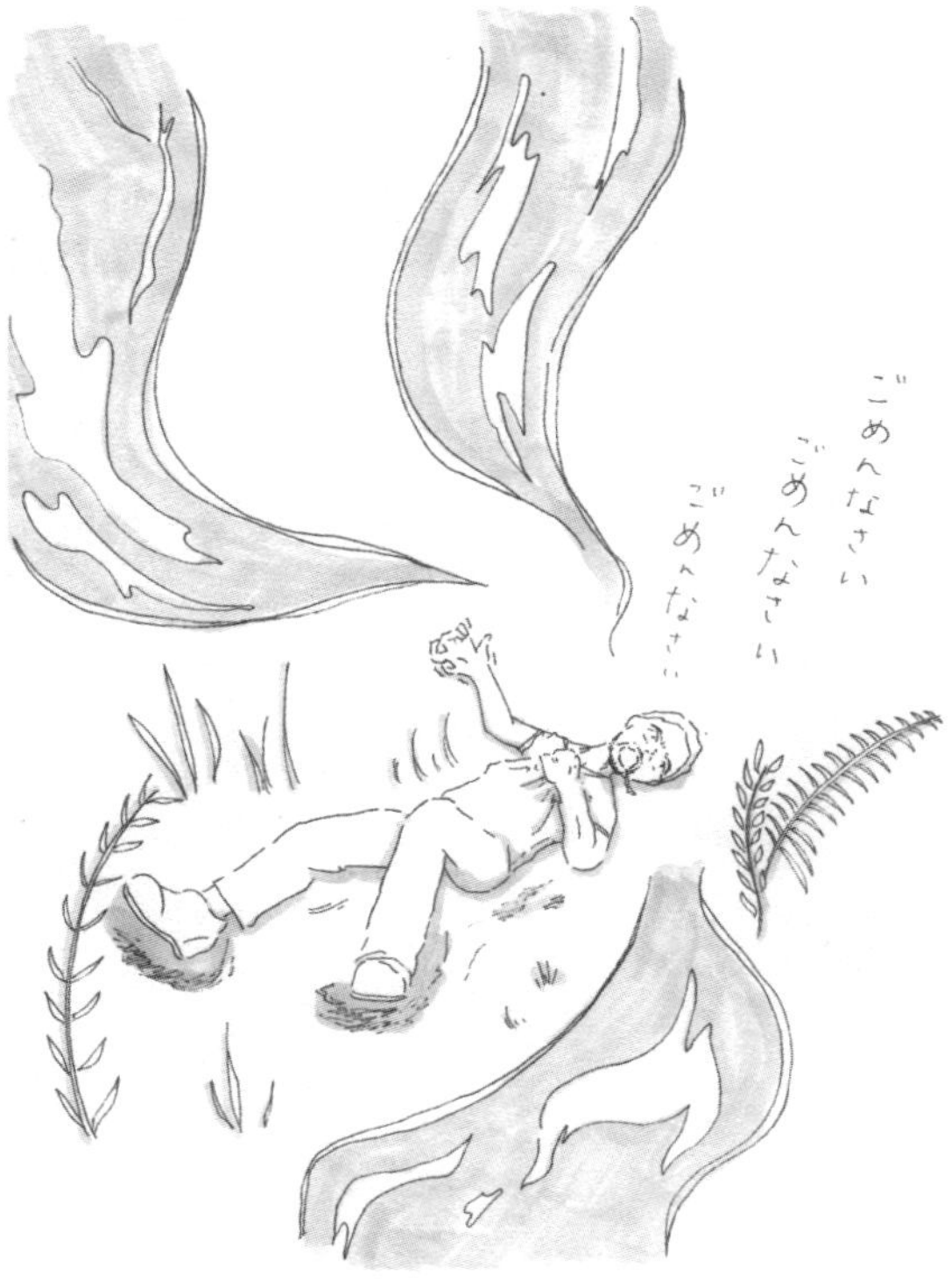

身体と心が急に軽くなり、周囲が明るくなった。「赦された！」そう思った。永遠にも感じられた地獄から解放された。

苦しい苦しい暗い世界から脱出してすぐに思った。この体験が、シャーマンの世界を知るために必要だったのだ。神は祈りに答えて下さったのだ。心の底に溜まっていた否定的な感情を浄化し、自らの悪業を自覚して懺悔すること、徹底的に謙虚になること、心の汚れを浄めること、これを一気に濃縮して体験したのであった。自分の悪業ばかりを編集したかのように走馬燈のようにみせられるのは、あきらかに何らかの知的な意図があり、それは神の意図ではないかと私は推察した。本来ならば、死んだ後に体験すべき人生の総括を、生きながらにして女神ジュラミダンがみせて下さったのだろうと考えた。重たい感情と悪業で固められた私の自我を、神の慈悲の鉄槌で打ち砕き、粉々に粉砕していただいたと思った。実際、私の今までの人生の中でもっとも死の世界に近い時間だった。死んだ方が楽だと思うほどに辛かったが、それを体験して通過した今、本当に心と体が軽くなった。

感謝の思いが溢れてきて、私はすっと立ちあがり、声に出して神に祈った。「これこそ私が望んでいたことです。ありがとうございました。」そうすると、シンプルなフレーズの歌が降りてきて、輪の中心に歩き出し、大きな声で歌い始めた。普段は音痴で引っ込み思案な性格なので、通常であればあり得ない行動である。「私が歌うのか？」と他人事のように観察している意識も同居していた。しかしその時は有り難いという思いと喜びで一杯で、降りてきた歌をステップを踏みながら歌った。視界には、人間は映らず、輪の真ん中で燃える火と、空に浮かぶ月と星、そして精霊たちだけが見えていた。他のメンバーにぶつかったり、椅子に躓いて何度か転倒したが、すぐに足が勝手に起き上がって勢いよくステップを踏み出した。歌を歌うと、精霊達が笑って祝福してくれた。

シャーマン、森、精霊たち、一緒に歌っている仲間達、これまでお世話になった人たちに表現しようのない深い感謝と慈しみの念が湧いてきた。ふと周囲をみると、先ほどまでの私のように、苦しみの世界に落ち込んでしまって激しく泣き続けているメンバーがいた。私は自分のことのようにその人を一生懸命励ましているうちに、だんだんと日常的な意識へと戻ってきた。

翌日シャーマンにきくと、私はすごい勢いで歌って踊っていて、真ん中の火に突っ込んでしまわないかと心配し

て見守っていて下さったとのことである。

憑依・脱魂と天界訪問

次は、地獄体験から何度か別のセレモニーを経験し、次第に慣れてきた頃の体験である。このときはお茶をいただいた後、皆で小高い山の中に入り、それぞれが好きな場所で祈った。祈りが終わると、ふたたび会場に戻り、椅子に座って皆でイナリオを歌っていたときのことである。

その日は、シャーマンの友人が亡くなったということで、イナリオの曲の間でシャーマンが悲しげな追悼の言葉を語っていた。私は、その言葉をシャーマンが語る前から、なにを語るのかがわかるような奇妙な感覚だった。シャーマンが語っているのか自分が語っているのかよくわからないくらい、情緒的にも言語的にも一体感を感じていたのである。

その後、イナリオに合わせて、私の身体が大きく勝手に動き始めた。両足が開いたり閉じたり、首が大きく円運動したり、腕や肩がぐるぐる回されたり、自分ではそうしようと思っていないのに、大きな身体運動が自働的に起こることを興味深く観察していた。強い意志で止めようと思えばおそらく止められたが、心地よかったので身体が動くままにまかせていた。

すると、これまでの儀式で何度か見かけていた、人間の背丈近くもある大きな鳥が私の周囲を舞い始めた。この鳥は実在する鳥ではないが、実際の鳥以上に存在感がある。名前は分からないが、大型化した鷹のようでもあり、神話に出てくる鳳凰かフェニックスのような立派な霊鳥である。

今回はずいぶん近くまで寄ってくるなと思った瞬間、なんとその鳥が私の中に入ってしまった。鳥が私の中に入ると、私の身体と心は半分その鳥になってしまった！　私にはつやのある大きく立派なくちばしがあった。胸には豊かな羽毛が生えていた。この鳥は、非常に誇り高い心の持ち主であった。私がいままで自分自身には感じたことのないような堂々たる威厳を、自分のこととして内面に感じた。

驚いている間もなく、次の瞬間、ふたたび身体が勝手に動き出し、首が後ろに倒され、口が大きく開けられた。「脱魂するんだ」と思った。不安がよぎった。脱魂してしまったら、この身体に再び戻ってこられるだろうか。やはりアマゾンで私の人生は終わってしまうのではないか。そのとき、私はシャーマンの隣の席に座っていたが、シャーマンのやや悲しげだがしっかりとしたイナリオの歌声が全身に響いていた。「このシャーマンはとても信頼できるし、彼の歌声がきこえている限り、私は大丈夫に違いない。」

そう思った瞬間、鳥と共に私は口を脱出して急上昇した。光に満ちた不思議な空間を飛翔しながらさまざまな興味深い風景のビジョンを見た。地底から天上まで続いているかのような巨大な螺旋状の蔓がある。蔓をよく見ると、そこには無数の人間が暮らしている。下の方に行けば行くほど光が少なく暗くなって、果ては暗闇に消えていた。上の方に行けば行くほど光量が増して、果ては光の中に消えていた。こんなにもたくさんの人間がさまざまな世界にいることを見て仰天した。鳥と一体化した私は、巨大な蔓の横をさらに急上昇していった。

到着したのは、強烈に揺れ動くまばゆい光を放つ、神々しく美しい城であった。しばらくすると、また

別のまばゆい光を放つ宮殿に到着した。これまで見たことのないような言語に絶する美しさに圧倒されているうちに意識が遠のいていった。

気がつくと儀式の会場で、ぽつんとひとり座っている自分がいた。儀式はもう終わっていたようだった。仲間がもう帰りましょうと声をかけてきたが、放心状態で、会話がほとんど成り立たず、現実の感覚を取り戻せないでいた。否、現実に戻りたくない気分だったのだ。あまりにもすがすがしく、落ち着いていて、心の底から深い喜びに満たされていたのである。

会場から移動した後に、シャーマンにこの体験の話をした。大きな鳥がいた、憑依されて、脱魂した。巨大な蔓があって、無数の人間たちを見た。まばゆい城や宮殿をまわった……。するとシャーマンは、「ユウイチ、素晴らしい！　鳥に案内されたのは吉兆だ。もう輝く城にまで到達したのか？　それは我々シャーマンが集う聖なる場所なのだ。それについてはエルドラド伝説に記載されていて、……」といろいろ教えてくれた。このシャーマンは、国立大学を出たインテリで、英語も上手なので、直接会話ができた。彼はアマゾンのシャーマニズムについて本を一冊書いているというので、是非読んでみたかったが、ポルトガル語の書物ときいてあきらめた。

その晩、シャーマンは私のところに再びやってきて、「あなたのエゴを大切に。あなたはプシュー（指で天に昇るしぐさ）だから」と笑顔で声を掛けてくれた。

光る山のヴィジョンと爆笑する精霊

三つ目の体験は、帰国が近づいたある日、セレモニーが終わった後の体験である。セレモニーを終えて、心身がとても軽やかで満ち足りた気分だった。すでに深夜だったが、ひとりでジャングルの中の開けた場所に行き、倒木に腰掛けていた。アマゾンの星空は本当に素晴らしい。星が落ちてきそうなくらい無数に輝いている。満天の星明かりで、眼が馴れれば照明がなくても十分に周りが見えるようになる。

私は、ジャングルすべての生命が愛おしく、そして自分のすべてを受け入れてくれていることを感じていた。ジャングル全体と直接つながっているかのような強い一体感に満たされた。私はおもむろに言葉を口ずさんだ。

「アマゾンの女神ジュラミダンよ、日本から来た私を暖かく受け入れてくれてありがとう。素晴らしい

写真12．スペイン系インディオのシャーマンと海岸でリラックス

シャーマンの世界を見せてくれてありがとう。日本に戻っても、いつでも今のように全身で愛と感謝に溢れた感じを取り戻せますように。」

そして心の中で思った。「神は愛なり、愛は神なり、いつも神のような清らかで暖かい心で生きよう。神に背を向けた世界が地獄なのだから。」心は喜びに満たされ、穏やかな気分になり、目を閉じて瞑想した。

瞑想していると突然、静寂が破られ、目の前に大きな山が現れた。「須弥山《しゅみせん》だ」と思った。須弥山とはインドの宗教で世界の中心にあると考えられている想像上の山のことである。眼前に突如姿を現した須弥山は、極彩色のような鮮やかな多色の光でまばゆく輝き、その光は一定でなく、つねに変化流動して蠢《うごめ》いていた。

それをみて思った。「巨大な須弥山でさえも転変している。すべては変化する、無常なのだ、私も同じだ、死んだとしても終わりではなく、これからもずっと変化しながら生きることが続くのだ。はぁ～。」私は無常という現実、死は終わりでないことを雷が落ちるように悟った気分になった。それは未来への希望と同時に、これからも永遠に生きざるを得ないことへのうんざりするような倦怠感もはっきりと感じていた。

その瞬間、一斉に周囲から、「ゲラゲラゲラ、ヒーヒッヒッヒ」と大爆笑の声が聞こえた。「せっかく、私が深遠な無常を悟ったというのに、爆笑するとは何事か」と思って周りを見渡すと、小さな精霊達が腹を抱えて笑い転げている。彼らに意識を向けると、私を馬鹿にしているのではなく、明るく祝福してくれているのだとわかった。「ようやく無常と永遠の命を悟ったか。よかったな！」という感じである。「アマゾンでは精霊もラテン系で陽気なのかな」と思い、そのまましばらく座っていた。

精霊達が消え、くつろいで瞑想状態に入ると、再びジャングルの全生命への感謝の気持ちが溢れるようにこみ上げてきた。心を込めて日本語で覚えたイナリオを歌ってみた。すると今度は、ブーンという換気扇が回るような電気音が身体の内側から聞こえたかと思うと、再び小さな精霊達が現れ、私の歌うイナリオに合わせて輪になって踊りだしたのである。丁度、儀式で人間が輪になって踊るのと似ていた。儀式で輪になって踊るのは、もしかしたら私たちが精霊をまねているのかもしれないと思った。

奥アマゾンから日本へ

アマゾンから帰国する日になった。シャーマンや村民、メンバーに別れの挨拶をしてカヌーに乗り込み、奥アマゾンの村を一人で出発した。カヌーに乗ると、きれいな鳥が先導するかのように次々と進む方向に向かって飛んでいた。アマゾンが、鳥たちが、見送ってくれているのかなと

写真 13. カヌーで村を後にして帰国する筆者

思った。

　カヌーを下りてしばらく歩くと、未舗装の道があり、そこで待っていれば、車が迎えにやってくるからとシャーマンに言われていたので、ひとりで二時間くらい待っていた。ジャングルの中でぽつんと座り、もしここで車が迎えに来なかったら、どうなってしまうのだろうという不安もよぎったが、考えても仕方ないので座っていた。しばらくすると、遠くから土煙が上がるのが見え、目の前でボロボロのトヨタの車が止まった。

　車からは、屈強な男が降りてきてなにやら話しかけてきたので、シャーマンからもらったメモを渡すと頷いた様子なので、信頼して車に乗った。車でも何か話しかけてきたが、英語は通じないし、ポルトガル語は私が理解できないので、お互いに会話は諦めた。道は未舗装のダートが多く、途中で立ち往生している車や、横転して廃車になっている車も

写真 14．未舗装の道を走るときはしっかり捉まっていないと飛ばされそうになる。

放置されていた。舗装されていても、道に穴が空いていることがあって危険なのだが、かなりスピードを出すので、眠るどころではなく、ずっと両脚を踏ん張って手に汗を握っていた。目的地のホテルに向かっているかどうかも分からなかったが、八時間以上上下左右に揺れる車に乗っていると、無事ホテルに着いた。シャーマンからきいたとおりの御礼のお金を渡して、「オブリガード（ありがとう）」といってホテルに泊まった。ホテルの部屋は、エアコンやテレビがあり、久々の近代的な環境に落ち着かない感じがしたが、移動で疲れていたので、ぐっすり眠った。翌朝、国内線でブラジルの首都ブラジリアに飛び、そこから国外線に乗るが、日本への直行便がないので、アトランタ経由の飛行機に乗っての帰路となった。結局、村を出てから、日本の自宅に着くまで丸々三日間かかった。

帰国後のとまどい：天界と人間界のギャップ

帰国すると、日本の方が蒸し暑かった。赤道に近いアマゾンでは、直射日光を浴びると焼けそうなほどに熱いが、ジャングルの中は、大木の豊かな緑と水と風があるので、結構過ごしやすいのである。アマゾンにはクーラーは不要だが、コンクリートで固められた日本の都会ではクーラーなしではいられない。一斉にクーラーをつければますます街は暑くなる。ヒートアイランド現象による人間が作り出した悪環境であり、大いなるエネルギーの無駄遣いである。日本の都会では、夜になっても明るく、空気は汚く、騒音が多く、星は見えない。文明の進展は一面において確実な退化でもある。おまけに都会には天界について知っている人がいるだろうか。

帰国してすぐ、あわただしく仕事が始まった。休んだ分の仕事が山積みになっていたのである。声がかすれて出にくくなったため、診療所で受診したところ、急激な環境変化による気管支炎だろうと診断された。幸い、十日間ほどで症状は治まった。

アマゾンでのネオ・シャーマニズム体験については、一部の理解ある知人を除いては、語ることはしなかった。語ったところで、伝わるはずがないからである。このような、共有が著しく困難な体験したことによって、他人とのコミュニケーションが煩わしくなり、心因的に声が出にくくなったのかもしれない。

ジャングルの中で異次元の世界に浸っていた人間が、僅か数日で、大都会に出てアスファルトやコンクリート、エアコンや電子機器に囲まれて生活し、忙しく仕事をするとなると、相当な違和感と戸惑いがあった。それでも仕事中は、なんとか自分に鞭打って責任を果たす行動を取ることができたが、仕事の合間や、ひとりでいると、すぐに異次元の感覚が蘇ってきた。日本での現実の方が影が薄く、頼りない仮想現実であるかのように感じた。

当時の私にとって、ネオ・シャーマニズムにおける世界の方が、鮮明で、意味深く、活力があり、真実に近く、はるかに現実味を帯びていた。日数が立つにつれ、しだいに日常的な意識状態が長い時間を占めるようになり、意識のギャップによる揺れ動きは解消されていった。しかし同時にそれは、真実から遠のき、大自然や神々への愛と感謝に満ちた一体感も消え失せ、自然や生命と分断された蒙昧な仮想現実（一般の人々が言う現実）に呑み込まれてしまう恐怖感や喪失感を伴っていた。まえがきに書いたように、夜中に燦然と輝いていた星たちが、夜明けと共に存在感が薄くなり、ついには姿が見えなくなってしまうような気持ちだった。

私の場合、このような意識のギャップによる葛藤は、青年期からすでに一貫して感じていたテーマであった。この葛藤は、通常の心理学や精神医学では理解できない問題であった。アマゾン・ネオ・シャーマニズムを体験して、この葛藤はより一層先鋭化されたのである。ジャングルのコミュニティに適応することに比べて、日本社会に再適応することの方が厭わしかった。適応することによって美しい真実の世界とのつながりが失われていってしまうからである。しかし、アマゾンは気軽に行ける場所というわけでもなく、再び長旅をして儀式に参加しようという考えも湧かなかった。はたして、私は日常生活をしっかりと送りながらも、それに埋没せず、いつも真理に心が開かれている状態を維持するためにはどうすべきかということが、切実な課題となったのである。

ブッダとダンマとの出会い

そのようなかで、さまざまな縁がつながり、あるときミャンマーの比丘（出家僧）の話を聴く機会があった。その比丘の話が大変興味深く、非常に重要なことを話されていたと感じたと同時に、その比丘の中に美しい光が見えて驚いた。私は「これはブッダの光だ、仏陀の説いた法（ダンマ）の光だ」と感じた。今まで、仏教や、釈迦の仏像などには触れていたが、その本質には触れていなかったのだ。この時はじめて、ブッダ

写真 15. ミャンマーの村で修行する筆者（托鉢行後の姿）

と法と比丘（仏法僧の三宝）の生きた強い力に触れ、強烈な印象を受けたのである。それからというもの、その光を求めて、初期仏教に強く惹かれるようになり、ブッダの教えを一から学び、それに基づく瞑想をするようになった。

ブッダの教えが書かれている初期仏教の経典を読んでいくと、アマゾンでの体験が、それによって非常にうまく整理がつくことに気がつき、さらに深く学ぶようになった。こうして、アマゾンから帰国して一年半後には、私は上座部仏教の国ミャンマーの僧院にいた。そこで短期出家をして、頭を剃り、法衣をまとい、比丘たちと同じ生活を送り、集中的に瞑想する機会を得た。それは、戒律を守り、高僧の指導を受けながら、毎日八時間以上の集中型瞑想を行う、徹底した修行生活であった。

ネオ・シャーマニズムとは別の方法でも、真実の世界へと近づけることを身をもって明らかにしたいという思いもどこかにあった。僧院での修行の結果、相当の努力を要したが、その思いは果たされただけではなく、それ以上の世界が広がった。実は、瞑想中にアマゾンの時と同じような世界が見え始めたが、高僧の指導にしたがって、すべて現れるビジョンは受け流し、より深く、より静かで、より集中した澄みきった意識へと向かっていった。毎日八時間座ると、身体に痛みがでやすくなるが、ヨーガをしたり、掃除をしたり、僧院の周りを歩いたりして、身体を整えた。そして、指導にしたがって一心に瞑想に励んだ結果、今までにまったく経験したことのない禅定という完全に集中した、光明に満ちた意識状態に至り、ネオ・シャーマニズムでは知り得なかった新たな世界が開かれた。今までの人生で経験したことのない深い喜びにみたされた。

もちろん、仏道修行はまだ端緒についたばかりであり、解脱への道のりは長いが、はっきりとした手応えを得た。ブッダの教えの通りに一心に修行に精進すれば、確かに経典に書かれているとおりの変化がやってくると知った。ゴールは何であり、そこに通じる道は何かを悟った。ダンマの学びと瞑想修行によって、世俗の世界に生きながらも、真実の世界との接点を失うことなく生きる実践的な道を見出した。しかも、ブッダの教えは、目的地と、そこへ至るための方法論がすべて明確に説かれている。このようなことを知るということは、霊的成長を求めるすべての人が求めている最上のものに他ならないと思った。

ミャンマーの僧院で、修行による喜びに浸り、仏陀の説いた法（ダンマ）の確かさを確信して、修験道の修行をしているときにお堂や山で毎日唱えた偈を想い出した。

無上甚深微妙法　（むじょうじんじん　みみょうほう）
百千万劫難遭遇　（ひゃくせんまんごう　なんそうぐう）
我今見聞得受持　（がこんけんもん　とくじゅじ）
願解如来真実義　（がんげにょらい　しんじつぎ）

［邦訳］この上のない最高に深遠な法（真理）には、
　宇宙が何度も生滅するほどの長い時間をかけても巡り合うことは難しい。
　しかし私は今まさにその最高の法（真理）を聴いて受け取ることができました。

願わくばブッダが説かれた真理の意味を完全に理解できますように。

日本には、歴史的にブッダの直接の教えは、つい最近になるまで、伝わってこなかった。日本に伝来したのは、ブッダの死後数百年経って新たにつくられた経典や、それに基づく北伝（中国経由）の大乗仏教のみであった。しかしそれでも、ブッダの教えは一応伝わっている国なのである。こうして、お経に心から共感でき、二千五百年の年月を超えて、今、直接ブッダに説法を聴いているような気持ちになった。

特に、私のように異次元の世界を垣間見て、人間の日常的現実がひとつの現実でしかないことを知ってしまった人間は、より強力な真理を渇望していた。それが期待以上に与えられ、このご縁を本当にありがたいと思って次の修行へと進んだのである。

本書では、残念ながら初期仏教やそれに基づく修行についてはこれ以上語る余裕はないが、私の場合は、修験等、アマゾン・ネオ・シャーマニズムが貴重な修行の基礎となり、さらなる求法の道が開かれたことは間違いない。軟弱者ゆえ格好もよくなく、不出来も多く、よろよろしながらの修行であったが、自分を知り、真実に近づき、次の段階に進む準備となる、実り多い修行であった。

初期仏教によって天界体験が明らかになる：餓鬼界と兜率天

初期仏教は、アマゾン・ネオ・シャーマニズムとは、まったく異なる時代・風土・宗教・文化であるにもかかわらず、アマゾンでの体験はブッダの説かれたダンマ（真理、法）と矛盾しない。それどころか、ダンマを学び、それに照らして体験を振り返ると、よりよく意味が理解できることが多いのである。私は、仏教以外の場所でダンマを学ぶためにアマゾンに行ってきたのではないかと思うことさえがあった。

あるとき、ミャンマーの指導比丘にアマゾンでの体験を報告する機会があった。その比丘によると、私が目撃したまばゆい光で輝く城や宮殿のある世界は、兜率天ではないかという。兜率《とそつ》天（tusita）とは、初期仏教によると、世界を構成する三界《さんがい》（無色《むしき》界、色《しき》界、欲《よく》界）の最下位の欲界のなかにある世界である。欲界は、さらに十一の世界から成り、上から順に、他化自在《たけじざい》天、楽変化《らくへんげ》天、兜率《とそつ》天、夜摩《やま》天、三十三《さんじゅうさん》天、四《し》天王《てんのう》天、人（間）界、阿修羅《あしゅら》界、餓鬼《がき》界、畜生《ちくしょう》界、地獄から構成されている。アビダンマ（論蔵）によると、兜率とは「喜び（tusa）に赴いた（ita）」を意味し、兜率天とは「いつでも喜びを感ずる世界」であり（水野、2013）、仏教修行者が多く転生する世界と説明されている。

さらに、私が当時地獄だと思っていた世界も、原始仏典をひもといてみると、地獄ではなく、むしろ餓鬼世界であることがわかった。地獄とはどのような世界として説かれているかというと、たとえば『癡慧地《ちえじ》経』（Balapaṇḍita Sutta MN129：中部経典第一二九経）においては、「人が刀で三百回刺され、そのせいで苦しみを味わうなどということは、地獄のそれには比べようがありません。何分の一にもあたりません。」というブッダの説法がある。私の体験は、確かに死ぬほど苦しかったのであるが、ブッダが説く地獄ほど苦しい世界ではなかったのである。

一方、餓鬼（petti）とは、アビダンマ（論蔵）によると、「悪臭を放ち、裸体で、色黒くやせ衰え、血筋が現れ、唇が突き出た醜い姿をしており、常に飢渇に苦しめられ、吐き捨てられた汚物、唾、鼻汁、痰、流れ落ちた血などを食い、森・山・川・墓地などを住処とする死霊」であるという（水野、2013）。さらに、『餓鬼事経』（Peta-vatthu KN7：小部経典第七経）というお経を紐解くと、餓鬼のなかには、自分がなぜ餓鬼界に落ちたのかを理解したり、どうやって餓鬼界から脱出しようかと考える者が多く登場する。しかし、地獄に落ちてしまうと、より強烈な苦しみに絶えず襲われるので、地獄に墜ちた理由やそこからの脱出法を考える余裕すらまったくないということである（藤本、2007）。私がアマゾンで地獄だと思った世界に落ちたときは、苦しみはひどかったが、酷い状況を観察し続けている自分もいて、なんとか考える余裕もあった。したがって、私が地獄だと思ってしまった体験は、原始仏典によれば、地獄界ではなく、餓鬼界に落ちたのだと考えられる。

これほどの錯乱状態にあっても、意識を失うこと無く、観察者が存在し続けたということは、気づき（サティ sati、英語で言うマインドフルネス mindfulness）が保たれたということであり、それは窮地に陥った私にとって一つの救いであった。地獄界ではそれすらほとんど不可能であるようだ。

このように原始仏典に照らしてみると、アマゾン・シャーマニズムで私が体験した異界は、地獄ではなく餓鬼界、霊的な鳥に導かれた天界は欲界の上から三番目の兜率天であったと思われるのである。

人生の中でもっとも死に近く、もっとも苦しい体験であった世界よりも、さらに苦しい世界（地獄）があることに驚かされた。私は、餓鬼界であってもそこに落ちることを心底恐れる。人生で、貪り、怒り、不満、吝嗇などの煩悩が強いと、餓鬼界に落ちるとされているが、このような感情を持たないようにしようと心がけることが必要である。このような恐れは、初期仏教では、正しい恐れであるという。

同様に、それまでの人生で見たなかでもっとも美しい世界であったまばゆい城や宮殿のある天界も、三界の一番下の欲界の中でしかなく、欲界の中でもさらに三番目に過ぎないことを仏典を通して学ぶと、あらためて世界の広大さに驚嘆する。同時に、もし転生するなら、今生できるだけ善行為を行い、修行に励み、心を清らかに成長させ、功徳を積んで、兜率天のような素晴らしい善いところに生まれたいと願わずにはいられない。人間として億万長者になるよりも、天界に転生する方が、ずっと大きな満足感があると思われるからである。このような心がけと望みをもつことは、初期仏教では、正しい意欲であるという。

第六章　アマゾン・ネオ・シャーマニズムの効果と可能性

ネオ・シャーマニズム体験の成果

第五章では、アマゾン・ネオ・シャーマニズム体験とその後の心理過程について記し、一部は初期仏教的な解釈を加えた。第六章では、これらの修行体験によって何が得られたのか、その主要な成果についてまとめてみよう。ここでも、初期仏教の視点を参照にしている。その後に、修験道と同じように、セラピーとしてアマゾン・ネオ・シャーマニズムをみた場合の、一般的に期待できる効果と可能性、危険性などについても考えてみたい。

はじめに、私がアマゾン・ネオ・シャーマニズム体験から得た主な成果と教訓は、以下の四つにまとめることができる。

① 業《ごう》と業果《ごうか》の感得とそれに伴う慚愧《ざんき》の心

餓鬼世界に落ちて酷い苦しみを味わい、自らの悪業《あくごう》（かつて行った悪い行為のこと）を走馬燈のように事細かに想起・直面化させられ、くり返し懺悔した強烈な体験から、私の心には次のことが刻まれた。

餓鬼界は本当に存在する。それは実に耐えがたい苦しい場所である。業《ごう》と業果《ごうか》(kamma-vipāka)、つまり悪い行いは必ず悪い結果をもたらすという法則は厳然として存在する。人の眼は欺けても、悪業はひとつとして見逃されることなく、すべて記録されていて、やがてその結果を身に受ける。餓鬼界でさえ死ぬほど苦しかったのだから、地獄に落ちたらその苦しみは想像に絶する。したがって、悪をなすことを心から恥じ(hiri)、畏れよう(ottappa)。身体でなした行為、口で語った言葉、心に思ったこと(身口意《しんくい》)のすべてが業となるので、悪い行為、悪い言葉、悪い考えをできるだけ避け、よい行為、よい言葉、よい考えをもてるよう、いつも注意深くいよう。

②自我の死と再生

自らの悪業が暴かれ、面前に提示され、頭を大地に押さえつけられ、汚れた心を懺悔したという体験は、私の自我の自己中心性、慢心、狡猾、プライドがことごとく粉砕されたということである。自我がなすすべなく殺されたといってもよい。自我が打ち砕かれて死に、汚れを落とした新しい自己として新たに生まれ変わったといえるだろう。煩悩がなくなったわけではないが、一皮剥けたような心理的な脱皮である。

サイケデリクスの語意が「魂の顕現」であると先に述べたが、まさに自我の死と再生は、表面を覆っていた古い自我が朽ち果て、深奥の魂が新たに顕現することを意味する。自我が粉砕されたことにより、謙虚さをあらためて学び、それによって心身が軽くなったと感じた。多大な苦痛を伴うプロセスであったが、後から振り返れば、シャーマニズム一般にしばしば生起する死と再生のイニシエーションであり、霊的成長に必須の一過程であったと思われる。

③霊性の友人との出会いと天界経験がもたらす視野の拡大

イナリオ（聖なる歌）は、セレモニーに参加する全てのメンバーにとって、連帯感や一体感、そして精神の安全を確保する重要な役割を担っている。

私が餓鬼世界に突入する時に、歌声が身体に突き刺さってきたということは、聖なるものと相容れない邪悪な心が私の中で炙り出され、浄化される過程だったのだと思われる。突き刺さるイナリオの声の痛みは、いわば治療薬の苦さであった。

霊鳥に憑依され、脱魂しそうになったとき、身体に帰還できなくなる恐怖を感じながらも、結局流れに身をゆだねて天界へ飛翔することができたのは、つねにシャーマンやメンバーのイナリオの歌声がしっかりときこえていたからである。このような仲間達の聖なる歌がなければ、餓鬼界にしても天界にしても、普通の人間にとっては異次元の旅は危険過ぎるのである。イナリオという命綱あってこそ異次元空間の旅をしても再び戻ってくることができるように思われる。

このような危険な体験を無事通過できたのは、異界の旅を熟知したシャーマンと、ともに聖なる意志をもって歌う仲間の存在のお陰であり、そのありがたさを心底痛感した。とくにシャーマンに度量があると、参加者の体験内容がより深まる傾向があるように思われた。

仲間は人間だけではない。ジャングル全体、それとほぼイコールと考えられる女神ジュラミダン、憑依して天界に導いてくれた大きな霊的鳥、諸々の精霊たちがともに儀式に参加し、参加者たちを導き、サポートしてくれていることが随所で感じられた。歌に合わせて輪になって踊ったり、爆笑して私の体験を盛り上げてくれる精霊たちもいた。私の場合は、大きな鳥が憑依して、脱魂を導き、天界（兜率天）を案内してくれたおかげで、異界の一部をありありと垣間見ることができた。

天界体験は、予想だにしなかった驚くべき展開であっただけではなく、ある確信のようなものを心にもたらした。それは、これからもっと心を清らかにして、善業を積む人生を送れば、死亡した後に、おそらくこのような天界に転生するであろうという、ある種の実感である。悪業を積めば餓鬼界のような苦しみに満ちたところに行き、善業を積めばこれほど安らかで喜びに満ちた天界に行くのであれば、人間としてのこれからの人生の生き方が、あらためて重要であると思ったのである。勧善懲悪のよくある道徳観や、フワフワした神話としてではなく、将来必ず行くことになる死後の世界のリアリティーを感じたのである。

このように、人間界以外の存在と交流し、導かれ、異世界を旅できた経験はとても大きい。視野が、人間界だけではなく、上下左右の異次元へと大きく拡大されたのである。

仏教的には、先述のように世界は三界・三十一世間が説かれており、経典にはさまざまな世間に属する餓鬼、夜叉、神、梵天が登場し、ブッダが彼らと対話をしたり、彼らに説法をしたりしている。仏教では、人間も神々も梵天も含め、真理（dhamma）を探求する得がたい友を法友《ほうゆう》（kalyāṇa-mitta）と呼び、修行の成就において決定的な役割をもつとされている。

④縁起と無我の理解

アマゾンのセレモニーでは、深いジャングル、女神、精霊、多様な生きものたち、シャーマン、メンバー、大地がひとつとなって、「私」もその一部に融解したような一体感を何度となく味わった。自と他、内と外、これらの区分けはかりそめの知的分別に過ぎず、実際にはすべてが密接につながりあい、影響し合い、依存し合い、切れ目のないひとつの連続体であるかのような感覚がわき起こった。ジャングルが包み込む一つの大きな命のことを、インディオ達は女神ジュラミダンと呼んでいるようにも思われた。「私」もこの大きなジャングル、女神ジュラミダンの一部になったと感じられると、心地よい安らぎを感じるのであった。

仏教的にいうと、すべては影響し合い、依存し合っているという縁起（paccayo）の世界を感じたといえる。そして、どこまでも縁起の編み目を細かく見ていくことによって、独立した実体としての「私」などどこにも存在しないという体験に至る。これはすなわち無我（anatta）の自覚ということである。無我の自覚が深まれば深まるほど、私への執着がなくなり、苦しみが減っていく。

以上の四つが、私が奥アマゾンのシャーマニズムを体験して得たことの骨子である。四つは別々の事柄というよりも、一つの体験の四つの側面でもある。この四つの成果は、現在も心のなかで財産として生き続けており、不可逆な成長を私にもたらしている。

一方で、否定的な影響は、現時点で振り返るかぎり、私の場合一切なかったといえる。餓鬼界に堕ちた時は死を願うほどの苦しみを味わい、絶望感とショックを体験したが、それはシャーマン達が訪れている異世界を自らも知るために、汚れを落として霊的成長をするために欠かせない貴重な「自我の死」の体験であった。その時には絶望的な気分であったが、終わってみれば、ありがたい体験だったという思いしかない。

帰国後に、日常生活との齟齬を感じ、一時的に体調を崩したが、これも意味のある違和感であった。この違和感こそが、日常性に埋没することなく、求道の正しい道を見いだす原動力となったからである。私の場合には、この違和感が、初期仏教に開眼することにつながり、次の段階の修行へと向かわせたのである。日常と非日常の葛藤は霊性の視点からすれば治癒すべき障害などではなく、まったく正常なものであり、生きる時間の質を向上させるための良薬でさえある。

このように、私の場合はアマゾン・ネオ・シャーマニズムの素晴らしい恩恵ばかりを受け取った。数多くの心理学的な調査結果によると、個々の体験は異なっても、ほとんどの人は概ね肯定的な影響を受けるということは第四章で紹介したとおりであり、私もそれに違わなかったということである。しかし、他者に参加することを勧めたいかと問われれば、正直なところ、簡単にはそのような気持ちにはなれない。なぜなら、まず第一に、奥アマゾンに行くというだけでも、かなり大変であるし、いろいろなリスクが伴う。第二に、終わってみて振り返ればよかったといえるにしても、その心理過程は、あまりにも負荷が大きい。体験は人それぞれ異なるとはいえ、気軽に勧められるようなものでは決してない。心と身体が十分に準備ができ、真摯な求道的な動機があり、相応の決意があり、周囲が制止してもどうしても行きたいという人には、自己責任でどうぞ、くれぐれも気をつけて下さいと伝えたいという心境である。

ダンマで読み解く

ここで再び初期仏教の視点を取り入れてみたい。一般的にいえば、アマゾン発祥のシャーマン的伝統と、初期仏教とでは、歴史的にほとんど接点のない異文化の宗教であり、その思想的相違点を挙げればきりがない。修行の方法論としても両者はむしろ対極に位置している。

アマゾン・ネオ・シャーマニズムにおいては、信仰の歌と踊りのなかで、拡大された意識においてビジョンを見、神々や精霊等と交わり、増幅された感覚や感情をいやというほど味わうなど、いわば有と動がその特徴といえる。

一方、初期仏教では、ビジョンをみてもそれに意識を向けること無く瞑想に励み（サマタ瞑想修行の場合）、歌や踊り、意識を酩酊させるものを摂取することも修行者には戒律で一切禁じている（不歌舞《ふかぶ》観聴戒《かんちょうかい》、不飲酒戒《ふおんじゅかい》）。

ゴータマ・ブッダが多くの比丘に指導を行った重要な瞑想法に、出入息随念《しゅつにゅうそくずいねん》というものがある。その瞑想法が書かれている『出入息観』(Ānāpānasati Sutta MN118：中部経典第一一八経）には、「『身体の活動を鎮めながら息を吸おう』と練習する」「『心の活動を鎮めながら息を吸おう』と練習する」という一節がある。初期仏教の修行の基本は、身体、呼吸、心をよく観察し、徹底的に鎮静化することである。身体、感受、心を鎮め、観察する止観行を終えた人には、「『無常を観察しながら息を吸おう』と練習」（出典同上）するなどの課題を与え、身心が無常であり、苦であり、無我であること（三相：ti-lakkhāṇa）を自ら確認し、それによって離欲、滅尽、放棄を促す。いわば、初期仏教の教えは、静と放棄（手放すこと）がその特徴である。瞑想によって静による安らぎを知り、心の刺激がすべて本質的に苦しみであることを悟らせるのである。それによってあらゆる刺激や世間的事柄への厭離《えんり》（nibbida）と離欲（virāga）が高まり、ついに輪廻世界からの解脱に至ることを目標としている。

このように、両伝統は、思想も修行法もまったく異なるのであるが、それでも私がアマゾン・ネオ・シャーマニズムの体験においてブッダの説いた法（ダンマ）をそこにみたというのは、どういうことなのだろうか。

ブッダの説法は、人間や神々が共に知っている、あるいは世間が認めている事柄から始まり、やがて煩悩を滅した境地からみた智慧による法の実相へと移行するという構成が多い。前者は、時代・文化・慣習・学問等が真実と認めている現実であるが、移ろいやすい相対的な事象であり、世俗諦《せぞくたい》（sammati dhamma、conventional truth）と呼ばれる。それに対して後者は、究極的な意識からみた絶対的な真実であり、勝義《しょうぎ》諦《たい》（paramattha dhamma、ultimate truth）と呼ばれる。勝義諦は、すべての世間（loka、有為の三界、欲界、色界、無色界のこと）と出世間（lokuttara、世間を超越した無為の涅槃のこと）を貫く変化することのない真実である。勝義諦は、信じるべき教義ではなく、自ら無智と貪欲と瞋恚の煩悩を取り除き、瞑想修行（止観行）によって、各々が確認するべきものとされる。仏教が智慧の宗教であるとされるのは、思想、文化、宗教、時代とは無関係に存在する勝義諦をあらゆる事象において看破することを説くからなのである。

私たちの意識や文化の表層に横たわる物語やコンテクスト以前の生の体験においては、いかなる伝統における修行体験であったとしても、普遍的な法則（ダンマ）であるならば、いたるところで見いだせるはずなのである。アマゾン・ネオ・シャーマニズムの体験が、初期仏教の法によって見事に整理されたのは、それが勝義諦であり、普遍的な法であることがその根拠なのである。

永遠の命は誤解だった

ひとつ、アマゾンで思い込んでいたことが、ブッダの教えを読んで間違いだったと気づいたことがある。儀式後にひとりで瞑想をしているときに、光り輝く山が現れ、私はそこで世の無常と、永遠の命を悟ったと思った。そして、これから果てしなく生き続けることへのそこはかとない倦怠感と目眩のような感覚を覚えたのである。

しかし、永遠の命というのは間違いであると、原始経典を読んで気がついたのである。

私はアマゾンで、肉体をもたないたくさんの生きものたちや、天地を繋ぐらせん状の大きな蔓に無数の人間がいるのを目撃し、あるいは自らの業によって餓鬼界に落ちたり、霊鳥の案内でまばゆい天界をみて、人間界以外の世界はたくさんある、そこを業に応じて輪廻するのは間違いない思った。そこまではブッダの教えと齟齬がないのだが、永遠に輪廻するわけではないということをアマゾンの体験では理解せず、勝手に解釈してしまったのだ。

そう誤解するのも無理はない。ほとんどの場合、私たち衆生《しゅじょう》（命あるもの）は、永遠に見えるくらい、業に順って輪廻し続けてしまうのである。ブッダは、輪廻することは、人間界よりずっと美しく快適な天界や梵天界に転生しようとも、すべて苦しみであることを説いた。さらに、輪廻する原因をつきとめ、その原因を修行によって滅尽させ、それによって輪廻は終わった、すなわち解脱したと宣言したのである。ブッダは次のように解脱の境地を述べている。


わたくしは幾多の生涯にわたって生死の流れを無益に経めぐって来た、──家屋の作者《つくりて》をさがしもとめて──。あの生涯、この生涯とくりかえすのは苦しいことである。

家屋の作者よ！　汝の正体は見られてしまった。汝はもはや家屋を作ることはないであろう。汝の梁はすべて折れ、家の屋根は壊れてしまった。心は形成作用を離れて、妄執を滅ぼし尽くした。

(Dhammapada 153-154)


このように修行が完成し、解脱すれば、私たちはもはや輪廻しないのである。すなわち涅槃という完全な安らぎの境地に至るということである。解脱とか、涅槃は、完全な覚りを開いた人でなければ理解することができない。それゆえに、多くの宗教では、永遠の命があると信じてしまうのである。解脱しない限り、修行が完成しない限りにおいては、私たちは永遠に生きるということは間違っていないのである。

初期仏教と、そのほかの宗教との大きな違いは、修行の目的が解脱にあるかどうかということにある。ブッダの教えにおいては、二度と輪廻しない涅槃の境地に至ること、すなわち解脱以外に目的はない。それは曖昧にぼやかされたスローガンやお題目ではなく、極めて明確で現実的なものである。輪廻する原因

（家屋の作者）が明確にされ、それを滅ぼし尽くすための方法が明確に説かれているのは、ブッダの直説以外にないのではないだろうか。

生きることは苦しみであると深く知ることが仏道の第一歩

それからもうひとつ、見逃されがちなことであるが重要なことを指摘しておく。光る山を見て私は、「これからも永遠に生きざるを得ないことへのうんざりするような倦怠感」を感じたと述べたが、これは実は非常に重要な感覚なのである

ブッダのはじめの教えは、苦諦《くたい》、集諦《じったい》、滅諦《めったい》、道諦《どうたい》の四聖諦である。第一の苦諦《くたい》（dukkha sacca）とは、この世に生じることはすべて苦であるということである。第二の集諦《じったい》（samudaya sacca）とは、苦しみは自らの煩悩が招き集めていると知ることである。第三の滅諦《めったい》（nirodha sacca）とは、煩悩を滅尽すると、揺るぎない安穏の境地（涅槃 nibbāna）に到達できるという真理である。第四の道諦《どうたい》（magga sacca）とは、苦悩を滅する道が実際に存在するということである。

さて、第一の苦諦、この世はすべて苦であるということよく納得し、理解ができるだろうか。老いること、病むこと、死ぬこと、憎いものと遭うこと、愛するものと別れること、嫌いな人と会わねばならないこと、求めるものが手に入らないこと、歎き、悲しみ、苦しみ、憂い、五蘊（心身）に執着する苦しみが苦であることは比較的理解しやすい。しかし、日本語でも生老病死というように、生きることも苦しみであるといっ

ている。

生きることが苦しいとはどういうことだろうか。一般には、私たちは生きたいと強く願い、生に執着している。これは生命の本能といってよい。生きている間には、多くの苦しいこともあるが、楽しいこともあるから、生きることは素晴らしいと考えたり、そう考えるのが肯定的でよいことであると多くの人は考える。

しかしブッダは、生きることは苦しい、といっているのである。実際、釈迦国の王子として生まれ、容姿と才能に恵まれ、毎日最上の食事・衣類・住居・教育・庇護をうけ、妃と子も得て、いわゆる地位、金銭、容貌、尊敬、愛情、家庭、あらゆるものが完全に満たされていたにもかかわらず、この生活は苦しみであるといって、二十九歳の時に一切のものを捨てて、出家したのである。ブッダのいう苦しみは、欲望が満たされない苦しみだけではなく、もっと大きな生きることそのものの苦しみをさしているのは間違いない。

欲望が満たされたとしても、この世で生じることはすべて無常であるから、満たされた状況は必ず変化し、やがては消え去って失われる。世界は無常であり、自分思い通りにはならないことのほうが圧倒的に多い、つまりすべては無我（世界は私ではない、諸法無我あるいは諸法非我）である。私のものと思っている身体でさえ、やがて滅び、死んでしまうことをどうすることもできない。したがって、欲望をもったり、さまざまな心の働きが生じたり、生きること自体、煩わしいことであり、苦しみなのである。欲望が満たされて喜んだり楽しんだりすることも、苦しみなのである。

「一切の形成されたものは苦しみである」（sabbe saṅkhāra dukkha　一切皆苦）と明らかな知慧をもっ

て観るときに、ひとは苦しみから遠ざかり離れる。これこそ人が清らかになる道である。(Dhammapada 278)

このような、生じることは一切が苦であるということは、行苦（saṅkhāra dukkha）といわれる。アマゾンで光り輝き聳く山をみて感じた、そこはかとない倦怠感とは、まさにこの行苦なのである。行苦は、人間界で世界を支配する王となっても、億万長者になっても、神々しい天界に生まれても、色界あるいは無色界の梵天に生まれても、消えることはない。生の本質的な苦しみである行苦を終わらせるには、解脱より他に道はないのである。そして、その道を具体的に示したのが、ゴータマ・ブッダなのである。

心の準備と学習、より優れた境地へ

これまで、アマゾン・ネオ・シャーマニズムの概要やそれにまつわる研究と議論を展望し、一人称的体験科学として、私の個人的なネオ・シャーマニズムの体験を綴ってきた。そして、体験の解釈として、初期仏教的な法（ダンマ）を参照してみた。さらに、アマゾン・ネオ・シャーマニズムの成果をまとめた。

一つの事例から導かれたネオ・シャーマニズム体験の成果は、いうまでもなくそのまま一般化することは不可能である。ましてアヤワスカを飲めば皆このような体験をするということはまったく示唆していない。すでに述べたように、ネオ・シャーマニズムの体験は、セットとセッティングの無数の要素によって決定されるため、たとえ同じ儀式に同じ回数参加したとしても、他の人はそれぞれ異なる体験と教訓を得るのである。

トランスパーソナル心理学の代表的な精神医学者であるロジャー・ウォルシュは、向精神性薬物と神秘体験の関係についての研究を展望した上で、次のように結論してる。「薬物は、特定の人々に、特定の状況において、たしかに真性の神秘的体験を引き起こし得る。しかし、準備のできた心においては、それはより起こりやすく、持続的効果も生みやすい」(Walsh, R.1990)。

これは、あらゆる心理療法や修行に通底する知見である。どれだけ心の準備があり、どれだけ真理への理解があり、真摯な動機や態度があるかどうかによって、ネオ・シャーマニズム、心理療法、修行の体験内容や成果は、百八十度変わる可能性がある。

ウォルシュは「修行や専門技術が増えてくると、シャーマンは外的な援助にあまり頼らなくてもいいようになる」とも述べている（Walsh, R.1990）。外的な援助とは、おそらくセッティングのことであろう。儀式の形式や意識を変性させる植物などがなくても、修行が進むと、しだいに異界に触れることができるようになるのである。

これはサイケデリクスの逆耐性と呼ばれるものと同じ機序である。一般に、薬物は繰り返し用いることによって、同じ作用を引き起こすために必要な分量が増えるのであるが（耐性）、これとは反対に、繰り返し用いることによって少量でも作用が起こるようになることを逆耐性という。多次元世界への意識の拡大は、修行によって学習可能であるということを示している。

それゆえ、シャーマニズムの経験を積み重ねることによって、儀式やお茶がなくとも、いつどこでも、必要に応じて自由自在に多次元的な世界へアクセスができるようになれば、その方が優れているし、修行によってその可能性があるといえる。

心理療法的効果と危険性

修験道と同様に、アマゾン・ネオ・シャーマニズムを心理療法と見なした場合に、その効果はどのようにいえるだろうか。さまざまなセラピーを学び、体験し、実践した私の経験に照らしていうと、アマゾン・ネオ・シャーマニズムほど強烈なものを他に知らない。数年間の集中的な心理療法を受けてもなかなか直面するのが難しいような深層の葛藤、恐怖、トラウマ、怒り、執着、条件付けや心の性癖（仏教でいう行saikhāra）が、怒濤のように浮かび上がり、押し寄せて直面化させられ、浄化されていく。それが青年期、思春期、児童期、幼少期、出生期、胎児期、過去生に由来するものであれ、手加減なしに、半ば強制的に炙り出され、排出される。

これは著しい苦痛を伴うが、適切なセットとセッティングがあれば、そのプロセスを過ぎ去っていくものとして観察可能である。それは強力なカタルシスであり、自分の心のシャドーへのあるがままの認識を促し、未完結だった心のプロセスを終わらせることにつながる。これは私だけが体験したことではなく、繰り返しアマゾン・ネオ・シャーマニズムの儀式に参加している人ならば、ほとんど皆体験して知っていることである。

長年参加しているあるメンバーは、「少しでも思い上がったりするとセレモニーでガツンとやられ、大変なことになる」と語っていた。あるシャーマンは、「人間誰もが深い悲しみを抱えている」と述べていたが、どれも心の実際を深く知るものの言葉であると思われる。

このように、深い心理的葛藤を解消するために、アマゾン・ネオ・シャーマニズムは、無意識の意識化や、癒やしと自覚を促す、非常に強力な心理療法的効果をもつといってよい。ただし、あまりに強力なので、大きな心理的・身体的負荷がかかるため、セットとセッティングが整った状況下で行うことが必須条件であることは十分に強調しておきたい。

アマゾン・ネオ・シャーマニズムの危険性については、すでに見てきたように、多くの研究では触れられていないか、心配には及ばないという結論を下している。ただし、より慎重に考えれば、次のような見解にも注意を向けておく必要はありそうである。

サイケデリクスの研究者であり精神医学者であるブラヴォーとグローブは、「幻覚剤は、治療的に使われたときはまれであるが、素因のある人たちには精神病を引き起こすこともある」(Bravo, G., Grob, C. 1996)と述べている。かつてサイケデリクスを用いる精神医学的治療(psycholytic therapy)が許可されていた時代に、LSD等を処方する治療経験を豊富にもつ精神科医の加藤清は、その治療の有効性を報告している。しかし同時に、「正常者はサイケデリック体験を十分に消化し自らの癒やしの体験とする力をもっている。しかし神経症者では多くの場合その力はない」としている。さらに「精神分裂病者のサイケデリック体験では、個人の生前からの宿業(カルマ)が賦活され、その人の個人的なコンプレクス(感情複合)の解消だけでは収まらないで、治療過程が収斂してゆく癒やしの方向に向かわず、かえって反治療的に治療を拡散し悪化させる困難な例が多かった。したがって精神分裂病者に対しては、結局サイケデリック体験を避けることになった」と述べている（加藤清，2002）。

サイケデリクスを心の治療に用いるサイコリティック治療は、ネオ・シャーマニズムの宗教的文脈に比べると、自然環境、祈り、瞑想、身体の運動、聖なる歌などの先述の共通要素が欠落し、人工的なセッティングになっているため、同列には論じることはできない。ただし、事故を起こさないためには、これらの報告は参考にすべきであろう。

かつて精神病状態で入院歴のある女性が、数十人と共にアヤワスカを一回摂取したところ、中毒精神病に陥った一症例の報告もある（江崎真我，梅野充，五味渕隆志，2010）。どのようなセットとセッティングによる摂取かが不明であるが、精神的健康度の低い人や、心の準備のできていない人の参加には、事前にそのリスクを説明し、専門家の判断を仰いでから参加するなど、慎重な配慮が必要ではないかと思われる。

セラピスト教育に最適のアマゾン・ネオ・シャーマニズム

心理療法や精神科医などの教育には、アマゾン・ネオ・シャーマニズムは最高の効果をもつと思われる。日本の現状ではすぐに実現するのは困難であるが、心の対人援助には欠かせない要素がぎっしりと含まれており、資格取得に必修の研修にすべきではないかと私は真面目に考えている。理由は以下の通りである。

①自らのシャドーと向き合わざるを得なくなる。

アマゾン・ネオ・シャーマニズムのセレモニーにくり返し参加すれば、自らの心の闇を隠すことはおそらく不可能である。現状、臨床心理士は教育分析を受けることになっているが、シャドーと向き合うことを避けることも可能である。新しい国家資格である公認心理師は、さらに知的勉強だけで取れる資格になってしまったようである。精神科医に至っては、三人称的な客観科学の教育しか受けない教育システムなので、自らの心と向き合う機会がまったくなくても資格が取れてしまう。しかし、自分の心に一人称的に触れず、無自覚なシャドーが山積みのままでは、セラピストとしてはうまく機能しないばかりか、有害な影響を与える恐れがある。

②常識や固定観念が打ち砕かれ、柔軟な心の持ち主になる。

アマゾン・ネオ・シャーマニズムの体験は、私たちの日常的常識や学問的常識、さらには言葉・論理・組織などが一切通用しない世界に放り込まれるということである。これによって、学問や世俗世界の不確かさを痛感するだろう。このような世俗世界の不確実さを体験的に知ることによって、病者や悩める人と相対するときに、一方的に決めつけるような態度がなくなり、柔軟な心で虚心に接することができるようになる可能性が高い。

知性偏重の学習で試験を受けて専門家になってしまうと、相手に自分の知識を当てはめるだけで理解したつもりになってしまうことがある。そうなると、人間のあるがままの心をみる可能性がなくなってしまう。知識を当てはめること自体が、相手を限定したり、拒絶していることになる危険性に気づくことが重要である。アマゾン・ネオ・シャーマニズムの体験は、今ここに生じている心を直視することを学べるので、頭でっかちな専門家としての過信に気づき、いつも先入観を疑いつつ、白紙の状態で他者を見ることができるようになる。

③統合失調症者の世界を共感的に理解するのに役立つ。

ネオ・シャーマニズムの世界と統合失調症者の世界は同一ではないが、共通するところも多い。自他・内外の区別をする自我境界が曖昧になり、自らの感情・感覚・想念・直観が増幅され、それに圧倒される。こうした体験は、統合失調症者の内的世界を理解するのに役立つだろう。このような心の混沌とした世界を体験的に知らないと、無意識のうちに治療者はそれを恐れ、統合失調症者を拒絶することになるのである。体験的な理解こそが、受容と共感の基礎であり、それがよい治療関係をもたらし、治療に大きな改善をもたらすと思われる。

④真正の神秘体験をしている人の世界を的確に理解するのに役立つ。

私たちは通常、眼耳鼻舌身《げんにびぜっしん》の五感でとらえた情報を脳が再構成した像を対象のあるがままであると信じている。ところが、この知覚システムが変容すれば、対象となる世界もまったく違った姿をみせるようになる。ではその知覚システムが変容したり、その限界を超えた認識があったとしたら、いったい世界とはどのようなものだろう？という問いがあると、神秘体験をした人の話を偏見なく受けとめることができるようになる。

現状では、真性の神秘体験をして、悩みや困難が生じた人は、普通のカウンセラーや精神科医の所には行かないことが多い。偏見によって否定される経験を重ねて、傷ついていることが多く、病者の烙印を誤って押されることを避けるためである。私のような、霊性を研究をして本を書いていると、このような人々がやってくることがあるが、話を聞いてみると、彼らは他人には理解されないので家族にさえ神秘体験を話すことを諦めていることが多い。

霊的成長への効果

以上のように、アマゾン・ネオ・シャーマニズムは、非常に強力な心理療法的な効果を持つ。私の場合は、それを超えた成果として、悪業の自覚、懺悔、業と業果の感得、縁起と無我の感得、死と再生のイニシエーション、多次元世界（餓鬼界と兜率天）の体験、多次元世界の友人（シャーマン、儀式のメンバー、ジャングル、神々、霊的鳥、精霊たち）との親交、行苦の理解（saṅkhāra dukka）、などなど、霊的成長を促す非常に豊かな成果がみられた。

一般的には、これと同様の体験をすることもあるだろうし、しないこともあるだろうし、これ以外の体験することもあるだろう。しかし、私の一事例をもってしても、霊的な突破（spiritual break through）ともいえる成長が促進される可能性がアマゾン・ネオ・シャーマニズムに内包されていることは明らかにされたといえる。

唯物的世界観を抱いている人にとっては、異次元の体験など、幻覚に他ならないという解釈になるだろうが、幻覚であるかないかに関わらず、重要なことは、アマゾン・ネオ・シャーマニズムの体験者の多くには、結果として豊かな心理的・霊的な癒やし・成長・悟りが深まることが、私の場合も含めて、数多く報告され、実証されているということである。

私の体験事例と、多くの先行研究の展望と総合すれば、アマゾン・ネオ・シャーマニズムは、心の準備の整った人々にとって、適切なセットとセッティングが整っていれば、きわめて強力で豊かな心理療法的効果と霊的成長への効果をもつ、貴重な伝統であるといえるのである。

参考文献一覧

【第一章〜第三章　修験道関連の文献】

Blacker, C., (1975) . *The Catalpa Bow : A Study of Shamanistic Practice in Japan*, London : George Allen & Unwin Ltd.（ブラッカー『あずさ弓：日本におけるシャーマン的行為』岩波書店、1995）

降矢英成編（2005）『森林療法ハンドブック』東京堂出版

五来重（2004）『熊野詣：三山信仰と文化』講談社学術文庫

石川勇一（2011）『心理療法とスピリチュアリティ』勁草書房

石川勇一（2012a）「心理療法の根本原則と霊性：スピリット・センタード・セラピーと伝承療法」日本心理学会編『心理学ワールド』新曜社 , 59, 21-24

石川勇一（2012b）「スピリチュアリティの視点」日本人間性心理学会編『人間性心理学ハンドブック』創元社（第6章所収）

石川勇一（2012c）「トランスパーソナル心理療法としての修験道：修行の心理過程と修験道療法」『日本トランスパーソナル心理学／精神医学』Vol.12, No.2, p49-72

石川勇一（2013）「拙論『トランスパーソナル心理療法としての修験道』への塚崎氏の特別寄稿を読んで」『日本トランスパーソナル心理学／精神医学』Vol.13, No.1, p50-56

石川勇一（2016）『新・臨床心理学事典：心の諸問題・治療と修養法・霊性』コスモス・ライブラリー

伊矢野美峰（2004）『修験道：その教えと秘法』大法輪閣
Kübler-Ross, E.(1997). *The Wheel of Life. A Memory of Living and Dying*, New York : Scribner.（キューブラー・ロス『人生は廻る輪のように』上野圭一訳、角川書店、1998）
金峯山寺監修（2006）『修験道大結集』白馬社
甲田光雄（1980）『断食・小食健康法：宗教・医学一体論』春秋社
Miller, S., Duncan, B., Hubble, M., (1997). *Escape from Babel, Toward a Unifying Language for Psychotherapy Practice*, W.W.Norton & Company.（ミラー、ダンカン、ハッブル『心理療法・その基礎なるもの』曽我昌祺監訳、金剛出版、2000）
宮家準（2001）『修験道』講談社
中村元訳（1958）『ブッダのことば：スッタニパータ』岩波書店
野口法蔵（2009）『断食座禅のススメ』七つ森書館
塩沼亮潤、板橋興宗（2007）『大峯千日回峰行　修験道の荒行』春秋社
塩沼亮潤（2011）『人生生涯小僧のこころ』致知出版社
城川隆生（2005）『丹沢の行者道を歩く』白山書房
修験道修行大系編纂委員会編（1994）『修験道修行大系』国書刊行会
塚崎直樹（2013）「石川勇一氏の『トランスパーソナル心理療法としての修験道』を読んで」『日本トランスパーソナル心理学／精神医学』Vol.13' No.1' p40-49
Jung, C.G., Jaffé, A. edited. (1963). *Memories, Dreams, Reflections*. Pantheon Books, New York.（『ユング自伝１：思い出・夢・思想』河合隼雄，藤縄昭，出井淑子訳，みすず書房，1972）

正木晃（2011）『現代の修験道』中央公論新社

【第四章〜第六章　アマゾン・ネオ・シャーマニズムと初期仏教関連の文献】

Alexander, E. (2013) *Proof of Heaven: A Neurosurgeon's Journey into the Afterlife*. Large Print.（アレグザンダー，E.，白川貴子訳『プルーフ・オブ・ヘヴン：脳神経外科医が見た死後の世界』早川書房、2013）

Barbosa et al. (2005) *Altered states of consciousness and short-term psychological after-effects induced by the first time ritual use of ayahuasca in an urban context in Brazil*. J Psychoactive Drugs, Vol.37, No.2, 193-201

Barbosa et al. (2009) *A six-month prospective evaluation of personality traits, psychiatric symptoms and quality of life in ayahuasca-naive subjects*. J Psychoactive Drugs NLM, Vol.41, No.3, 205-12

Bouso et al. (2012) *Personality, Psychopathology, Life Attitudes and Neuropsychological Performance among Ritual Users of Ayahuasca: A Longitudinal Study*. PLoS One, Vol.7, No.8, 42421

Bravo, G., Grob, C., (1996). Psychedelics and Transpersonal Psychiatry, *Textbook of Psychiatry and Psychology*, U.S.A.：Basic Books.（「幻覚剤とトランスパーソナル精神医学」バティスタ、チネン、スコットン編、安藤、池沢、是恒訳、『テキストトランスパーソナル心理学・精神医学』（第17章）日本評論社、1999）

江崎真我、梅野充、五味渕隆志（2010）「催幻覚成分を含む植物由来物質：アヤワスカ(Ayahuasca)の単回使用により精神病症状の再燃を来した中毒精神病の1例」精神医学 52(8), 797-800

藤本晃訳著（2007）『死者たちの物語「餓鬼事経」和訳と解説』国書刊行会

Gable, Robert S., (2007) *Risk assessment of ritual use of oral dimethyltryptamine (DMT) and harmala alkaloids*. Addiction NLM, Vol.102, No.1, 24-34

Grinspoon, L., Bakalar J. (1979). *Psychedelic Drugs Reconsidered*, N.Y.: Basic Books, Inc. (グリンスプーン、バカラー『サイケデリック・ドラッグ：向精神物質の科学と文化』工作社、2000)

Grob, C.S. et al. (1996) *Human psychopharmacology of hoasca, a plant hallucinogen used in ritual context in Brazil*. J Nerv Ment Dis NLM, Vol.184, No.2, 86-94

Grob, C.S. (1999) *The Psychology of Ayahuasca*, Metzner, R. Ed. Ayahuasca : *Human Consciousness and the Spirits of Nature*, Thunder、s Mouth Press

Grof, S. & Grof, C. Ed. (1989) *Spiritual emergency: When personal transformation becomes a crisis*. New York: Tarcher

Grof,C. & Grof,S. (1990) *The stormy search for the self: A guide to parsonal growth through transformational crisis*. California: Jeremy P. Tarcher. (グロフ, C. &グロフ, S.『魂の危機を越えて：自己発見と癒しの道』安藤治・吉田豊訳、春秋社、1997)

Halpern et al. (2008) *Evidence of health and safety in American members of a religion who use a hallucinogenic sacrament*. Med Sci Monit NLM, Vol.14, No.8, Page.SR15-22

蛭川立 (2011) 『精神の星座：内宇宙飛行士の迷走録』サンガ

Husserl, E. (1850). *Cartesianische Meditationen und Pariser Vortraege*, hrsg. von S. Strasser (フッサール, E.『現象学序説：デカルト的省察録』山本万二郎訳、創文社、1954)

石川勇一 (2012) 「トランスパーソナル心理療法としての修験道：修行の心理過程と修験道療法」『日本トラン

スパーソナル心理学／精神医学』Vol.12, No.2, p49-72

石川勇一（2013）「アマゾン伝承療法の叡智と癒し：臨床心理学者による体験報告」財団法人パブリックヘルスリサーチセンターストレス科学研究所編『Stress & Health Care』No.207, p5-7

石川勇一（2014）『スピリット・センタード・セラピー：瞑想意識による援助と悟り』せせらぎ出版

石川勇一（2015）「トランスパーソナルと修行」諸富祥彦、日本トランスパーソナル学会編『最新トランスパーソナル心理技法』コスモス・ライブラリー

石川勇一（2016）『新・臨床心理学事典：心の諸問題・治療と修養法・霊性』コスモス・ライブラリー

加藤清（2002）「精神拡張性ドラッグによる治療体験」武井秀夫、中牧弘允編『サイケデリックスと文化：臨床とフィールドから』第一章, p15-36, 春秋社

Kjellgren et al.（2009）*Experiences of encounters with ayahuasca "the vine of the soul"* J Psychoactive Drugs, Vol.41, No.4, Page.309-15

Mabit, J., Giove, R., Vega, J.,（1995）*Takiwasi : The use of Amazonian shamanism to rehabilitate drug addicts.* Yearbook Cross-Cultural Medicine 6 : 257-85.

正木晃（2002）「サイケデリック体験と宗教体験のはざま」武井秀夫、中牧弘允編『サイケデリックスト文化：臨床とフィールドから』p283-292, 春秋社

McKenna, T.（1992）*Food of the Gods : The Search for the Original Tree of Knowledge A Radical History of Plants, Drugs, and Human Evolution*, Bantam（マッケナ『神々の糧』小山田義文・中村功訳、第三書館、1993）

水野弘元（2005）『パーリ語辞典』（増補改訂）春秋社

水野弘元監修（2013）『アビダンマッタサンガハ：南方仏教哲学教義概説』（新装版）中山書房仏書林

Moody, R. A.（1975）. *Life after life: the investigation of a phenomenon—survival of bodily death*. Mockingbird Book.（ムーディ，R. A.『かいまみた死後の世界』中山善之訳、評論社、1989）
長尾佳代子訳（2005）「愚者と賢者：癡慧地経」中村元監修『原始仏典第七巻中部経典Ⅳ』春秋社
中牧弘允（1992）「はじめに液体ありき：ブラジルにおける幻覚宗教の創世記」『陶酔する文化』（中牧編）平凡社
中村元監修（2005）「出入息観：治意経」『原始仏典：中部経典Ⅳ』（第七巻）春秋社
中村元訳（1978）『真理のことば　感興のことば』岩波書店
Ring, K.（1980）*Life at death : A scientific investigation of the near-death experience*. New York: Coward, McCann & Geoghegan.（リング，K.『いまわのきわに見る死の世界』中村定訳、講談社、1981）
Silveira, D. et al.（2005）*Ayahuasca in adolescence: a preliminary psychiatric assessment*. J Psychoactive Drugs NLM, Vol.37, No.2, Page.129-33
寺澤芳雄編（1997）『英語語源辞典』研究社
Walsh, R.（1990）*The Spirit of Shamanism*, Jeremy P. Tarchar, Inc. Los Angeles（ウォルシュ,R.『シャーマニズムの精神人類学：癒しと超越のテクノロジー』安藤治・高岡よし子訳、春秋社、1996）
山本　誠（2012）「ペルーアマゾン、アヤワスカツアーをめぐって：観光化、商品化されるシャーマニズム」『四天王寺大学紀要』(54), 291-312, 2012
吉野安基良（2011）『グレートシャーマン：アマゾンからの祈り』たま出版

【著者】 **石川勇一**（いしかわ ゆういち）

日本トランスパーソナル心理学／精神医学会会長。
相模女子大学教授。法喜楽庵・法喜楽堂代表。臨床心理士。行者。

専門は臨床心理学。
瞑想、修行（初期仏教、修験道）、心身技法、ダンマ（法）を探求。
神奈川県生まれ、現在山中湖村在住（山梨県）。早稲田大学卒・同大学院卒。

主な著書：
『スピリット・センタード・セラピー：瞑想意識による援助と悟り』(せせらぎ出版、2014年)、『新・臨床心理学事典：心の諸問題・治療と修養法・霊性』(コスモス・ライブラリー、2016年)、『心理療法とスピリチュアリティ』(勁草書房、2011年)、『自己実現と心理療法：実存的苦悩へのアプローチ』(実務教育出版、1998年)［いずれも単著］、ほか。

法喜楽庵（東京都町田市）・法喜楽堂（山中湖村）ご案内
カウンセリング、瞑想、ヒーリング、ボディワーク等の個人セッションを実施。
瞑想会、瞑想リトリート、法螺貝ワーク、山巡礼等のワークショップを実施。
詳しくは法喜楽庵 HP 参照　URL　http://houkiraku.com/

(2016年10月現在)

『**修行の心理学**：修験道、アマゾン・ネオ・シャーマニズム、そしてダンマへ』

2016年10月28日　　第1刷発行

発行所　㈲コスモス・ライブラリー
発行者　大野純一
〒113-0033　東京都文京区本郷3-23-5　ハイシティ本郷204
電話：03-3813-8726　Fax：03-5684-8705
郵便振替：00110-1-112214
E-mail：kosmos-aeon@tcn-catv.ne.jp
http://www.kosmos-lby.com/
カバー・本文挿画　矢崎末由（イラストレーター）
発売所　㈱星雲社
〒112-0012　東京都文京区大塚3-21-10
電話：03-3947-1021　Fax：03-3947-1617
印刷／製本　シナノ印刷㈱
ISBN978-4-434-22623-6 C0011
定価はカバー等に表示してあります。

「コスモス・ライブラリー」のめざすもの

古代ギリシャのピュタゴラス学派にとって〈コスモス Kosmos〉とは、現代人が思い浮かべるようなたんなる物理的宇宙（cosmos）ではなく、物質から心および神にまで至る存在の全領域が豊かに織り込まれた〈全体〉を意味していた。が、物質還元主義の科学とそれが生み出した技術と対応した産業主義の急速な発達とともに、もっぱら五官に隷属するものだけが重視され、人間のかけがえのない一半を形づくる精神界は悲惨なまでに忘却されようとしている。しかし、自然の無限の浄化力と無尽蔵の資源という、ありえない仮定の上に営まれてきた産業主義は、いま社会主義経済も自由主義経済もともに、当然ながら深刻な環境破壊と精神・心の荒廃というつけを負わされ、それを克服する本当の意味で「持続可能な」社会のビジョンを提示できぬまま、立ちすくんでいるかに見える。

環境問題だけをとっても、真の解決には、科学技術的な取組みだけではなく、それを内面から支える新たな環境倫理の確立が急務であり、それには、環境・自然と人間との深い一体感、環境を破壊することは自分自身を破壊することにほかならないことを、観念ではなく実感として把握しうる精神性、真の宗教性、さらに言えば〈霊性〉が不可欠である。が、そうした深い内面的変容は、これまでごく限られた宗教者、覚者、賢者たちにおいて実現されるにとどまり、また文化や宗教の枠に阻まれて、人類全体の進路を決める大きな潮流をなすには至っていない。

「コスモス・ライブラリー」の創設には、東西・新旧の知恵の書の紹介を通じて、失われた〈コスモス〉の自覚を回復したい、様々な英知の合流した大きな潮流の形成に寄与したいという切実な願いがこめられている。そのような思いの実現は、いうまでもなく心ある読者の幅広い支援なしにはありえない。来るべき世紀に向け、破壊と暗黒ではなく、英知と洞察と深い慈愛に満ちた世界が実現されることを願って、「コスモス・ライブラリー」は読者とともに歩み続けたい。